Dynamiken des Erfolges

Dynamiken des Erfolges

TORKOM SARAYDARIAN

T.S.G. Foundation
Visions for the Twenty-First Century®

Impressum

Titel der Originalausgabe »Dynamics of Success«
von Torkom Saraydarian

Copyright © 1992 The Creative Trust
T.S.G. Publishing Foundation, Inc.
Post Office Box 7068
Cave Creek, Arizona 85327-7068
United States of America
www.tsg-publishing.com

ISBN 978-3-7386-5549-0

Nummer der Kongreßbibliothek: 91–91402

Titel der deutschen Ausgabe »Dynamiken des Erfolges«
von Torkom Saraydarian

Copyright für die deutsche Ausgabe:
© 2015 - BOB BewusstseinsOrientierteBücher -
GbR Ursula Grossmann, Daniela Mohr,
Susanne Herzer, Thomas Herzer
Rappengasse 21
67365 Schwegenheim
Tel: +49 (0)6344-8622
E-Mail: info@bob-shop.online
www.bob-shop.online

Deutsche Übersetzung aus dem Amerikanischen: Monika Newiger-Yumerov

Textredaktion: Constanze Bretthauer

Grafische Gestaltung: Janina Röhrig

Herstellung und Verlag: **BoD** - Books on Demand, Norderstedt

Anmerkung:
Die Übungen in diesem Buch sollten als Richtlinien betrachtet werden.
Nutzt sie mit Besonnenheit und unter professioneller Anleitung.

Bibliografische Information der Deutschen Bibliothek: Die Deutsche Bibliothek verzeichnet diese Publikation in der Deutschen Nationalbibliografie; detaillierte Bibliographische Daten sind im Internet über <http://dnb.ddb.de> abrufbar.

Inhaltsverzeichnis

D ie Geschäftswelt ist im Begriff, etwas zu realisieren, was sie intuitiv bereits seit langer Zeit erfühlt hat: Finanzieller Gewinn allein macht nicht Erfolg aus; Geschäfte müssen emotionales, mentales und spirituelles Gedeihen für alle Menschen auf der ganzen Welt hervorbringen. Schlussendlich tritt die Tatsache klar zu Tage, dass die Wurzel jeden Misserfolges im Separatismus und im Streben nach selbstbezogenem Erfolg auf Kosten anderer zu finden ist.

In seinem Buch »The Spring of Prosperity« legte Torkom Saraydarian dar, dass wirkliches Wohlergehen eine Fülle an Tugend, Gesundheit und Freunden, als auch an Geld bedeutet. Die Natur ist Fülle an sich und auch der Mensch trägt diesen Schatz in seinem Wesen.

Seit der Publikation dieses Buches wurde der Autor immer wieder danach gefragt, was die Geheimnisse von Erfolg sind, wie man im Leben erfolgreich werden und trotzdem liebend, gütig und achtsam bleiben kann.

Mit »**Dynamiken des Erfolges**« liefert Torkom Saraydarian eine verständliche und multidimensionale Betrachtungsweise von Erfolg. Er stellt dar, dass es, um erfolgreich zu sein, eine integrierende Art des Herangehens an das Leben bedarf: Wir müssen die physischen und materiellen Bedürfnisse ausreichend befriedigen, als auch die spirituellen Qualitäten pflegen und wir müssen alle Hindernisse in unserem Leben, die uns vom Erfolg abhalten, beseitigen.

Erfolg ist ein integraler Bestandteil von Wohlstand. Es sollte in unserem höchsten Interesse und im Interesse der Menschheit sein, zu wissen, wie man erfolgreich sein und in Wohlstand leben kann, ohne dabei die fundamentalen Gesetze der Natur zu verletzen.

Viele Menschen haben die Vorstellung, dass erfolgreich sein automatisch bedeutet, keine anständige Person sein zu können. Dies entspricht nicht der Wahrheit. Um zu unserem Besten als auch zum Besten der Menschheit zu wirken, ist es von essentieller Notwendigkeit, dass wir uns und unsere Kinder trainieren, **wie** man einen Job findet, ihn behält und darin erfolgreich wird. Weiterhin ist die Frage wichtig, **wie** man seine Lebensweise an richtigen Werten und Motiven ausrichtet, **wie** man wirklich erfolgreich wird und **wie** man den Sinn des Lebens findet.

Um im Leben voranzuschreiten und unser globales Überleben zu sichern, brauchen wir die richtigen Werte und müssen sie praktisch anwenden. »**Dynamiken des Erfolges**« weist praktische und einfach zu verfolgende Richtlinien auf dem Weg zum Erfolg in Karriere und im Leben.

Verwende und praktiziere die Ideen dieses Buches und sieh, wie du und alle die dich umgeben, Erfolg haben werden – was die richtige Richtung, Fülle und Wohlergehen bedeutet.

Der Herausgeber.

Was ist Erfolg?

Die meisten Menschen haben den Wunsch, erfolgreich zu sein. Wir streben danach, weil Erfolg unser Überleben sichert und zu Lebensfreude führt.

Um im täglichen Leben, innerhalb unserer vielfältigen sozialen Beziehungen, in der Gesellschaft, auf der Arbeit oder Zuhause Erfolg zu manifestieren, der Beständigkeit hat, gilt es, viele Stufen zu erklimmen.

Erfolg hat zwei Flügel. Ein Flügel ist spiritueller Erfolg, der andere Flügel ist materieller Erfolg. Du wirst die Balance zwischen diesen beiden Polen finden müssen. Wenn du spirituell sehr erfolgreich wirst, jedoch nicht physisch oder materiell, dann bist du nicht mehr in Balance. Wenn du dich im physischen Erfolg verlierst, dann bist du ebenfalls nicht mehr in Balance. Manchmal verkaufen Menschen ihre Seele, um finanziell, materiell oder physisch erfolgreich zu sein, doch dabei verlieren sie ihre höheren Ziele aus den Augen und damit den Sinn ihres Lebens.

Sind diese zwei Seiten einer Realität in deinem Leben nicht ausbalanciert, kannst du nicht als ein erfolgreicher Mensch angesehen werden. Wachse so wie ein Baum. Deine Wurzeln müssen fest in gutem Boden verankert sein, und du musst einen positiven Raum um dich herum haben. Dieser Raum darf nicht verschmutzt sein. Er muss angefüllt sein mit Sonnenschein, mit Sternenenergien und mit Konstellationen, die deine Seele nähren.

Jeder von euch, der in seinem Leben erfolgreich sein will, sollte diese beiden Prozesse beobachten. Du musst physisch erfolgreich sein: Geld haben, Gesundheit, ein Zuhause, Kleidung und alles was du brauchst, um glücklich zu sein. Alle diese Dinge werden aber gegen deinen ultimativen Erfolg arbeiten, wenn du nicht auch spirituell erfolgreich bist.

Kapitel 1.

Was ist spiritueller Erfolg? Spiritueller Erfolg ist, wenn du deine Sensitivität verfeinerst, dein Wissen über die Naturgesetze erweiterst, dein Herz reinigst, dein Bewusstsein organisierst und eben jene Brücken baust, die dich in Kontakt mit den höheren Quellen der Energie und des Wissens bringen werden.

Spiritueller Erfolg ist die Vergegenwärtigung deiner inneren Potentiale und deiner göttlichen Essenz durch deine Gedanken, Gefühle, Worte und Taten. Ein spiritueller Mensch entwickelt einen Sinn für seine Einheit mit allen lebenden Formen der Natur und versucht ihnen, ohne jede Selbstsucht zu helfen.

Wenn du beides hast, spirituellen und materiellen Erfolg, dann wird dein Leben in Balance sein; wenn du Balance hast, dann wirst du wahrhaft erfolgreich sein. **Jede Art von Erfolg beginnt am Punkt der Balance.** Das ist eine sehr wichtige Feststellung! Wenn du die Probleme in deinem Leben aus diesem Blickwinkel betrachtest, dann wirst du beginnen, dein Leben auszubalancieren, bevor du in grösseren Erfolg eintreten kannst.

Nehmen wir einmal an, einem Flugzeug zerbricht mitten im Flug einer seiner Flügel. Es kann nicht weiterfliegen. Zwar fliegt es noch ein Stück, doch dann stürzt es hinunter. Das Gleiche geschieht auch mit uns. Deshalb müssen wir physisch und materiell auf der Höhe sein und gleichzeitig unseren spirituellen Reichtum vergrössern, erst dann können wir wirklich erfolgreich sein. Misserfolg beginnt, wenn eine dieser Seiten zu kurz kommt.

Wie kannst Du spirituellen Erfolg erlangen? Es gibt sechs Dinge, die man dafür unbedingt tun muss:

1. Erweitere dein Bewusstsein. Dadurch gelangst du zur Fähigkeit, deine physischen Hindernisse, als auch die Chancen, die du hast, klar zu sehen. Es wird dir möglich sein, die Arten von Energien, Ideen, Visionen und Offenbarungen zu empfangen, die du brauchst, um

deinen physischen Erfolg zu manifestieren. Gleichzeitig wird dein
spiritueller Reichtum in dein Handeln einfliessen und sich in allem was
du tust zeigen.

Wenn sich dein Bewusstsein erweitert, dann tut es zwei Dinge.
Es dringt in deinen physischen Mechanismus ein und versucht, dein
Leben auf solche Weise zu organisieren, dass Erfolg möglich wird.
Dein Bewusstsein durchdringt und verarbeitet Naturgesetze, Ideen,
Visionen, Inspirationen und benutzt das, um dein physisches Leben
erfolgreich zu machen. Hast du das erreicht, wird es dir helfen, deine
Visionen des spirituellen Erfolges zu manifestieren. Auf diese Weise
expandierst du mit Hilfe zweier Flügel und bewegst dich vorwärts,
weil dich beide Flügel zusammen schneller voran bringen.

Wenn du dein Bewusstsein erweiterst, bringst du Balance und
Gleichgewicht in dein Leben. Du balancierst den physischen mit dem
spirituellen Flügel aus und bringst sie dazu, einander gegenseitig zu
nützen, anstatt nur für sich selbst zu wirken. Deshalb sehen wir viele
reiche oder erfolgreiche Menschen, die plötzlich auf Grund von
schlechter Gesundheit, moralisch fragwürdigem Verhalten oder fami-
liären Schwierigkeiten von der öffentlichen Bildfläche verschwinden.
All diese Dinge geschehen, weil das Materielle nicht mit dem Spirituellen ausbalanciert war.

Wirklicher Erfolg ist wie dein Gehirn; es hat eine linke und eine
rechte Seite, die ausgeglichen sein und harmonisch miteinander
wirken müssen. Sind sie in Balance, dann hast du ein besseres Leben.
Wenn deine beiden Füsse in Balance sind, hast du einen besseren Gang.

Der erste Punkt im Streben nach Erfolg besteht darin, dich auf die
Idee zu konzentrieren, dass dein Leben keine Einbahnstrasse sein wird.
Dein Leben wird zwischen der spirituellen und physischen Seite deiner
Natur ausgeglichen sein. Wenn du diese Erkenntnis in deine täglichen
Angelegenheiten aufnimmst, wirst du mehr und mehr erfolgreich sein.

Erweiterung des Bewusstseins kann erreicht werden durch:

a. Studium all dessen, was mit deiner Arbeit zusammenhängt

b. Betrachtung deiner Arbeit aus dem Blickwinkel des
   - Dienstes
   - Gehaltes
   - all jener, die in Bezug zu deinem Job stehen

c. Nachdenken darüber, wie deine Arbeit anderen helfen kann gesund, glücklich und wohlhabend zu sein

d. Interesse an neuen wissenschaftlichen Entdeckungen und politischen Ereignissen haben

2. Erweitere deine Spiritualität. In manchen Schriften wird Spiritualität mit Religion gleichgesetzt. Das ist nicht richtig. Spiritualität hat nichts mit Religion zu tun. Spiritualität bedeutet kontinuierlicher Fortschritt und die Expansion deiner Ideen, deiner Anstrengungen, deines Dienstes. Spirituell-Sein heisst, sein Wissen zu vertiefen, Ideen und Visionen auszudehnen, Pläne zu verwirklichen und Dienst am anderen zu tun. Ein Mensch ist nicht wahrhaft spirituell indem er sich in den Wald zurückzieht, Erleuchtung erfährt und diese wunderbare Erfahrung nicht dazu nutzt, der Menschheit zu helfen. Ein Mensch ist nicht spirituell, indem er Millionen von Dollar macht, jedoch nichts zur Entfaltung der Menschheit beiträgt.

Spiritualität, ebenso wie das Bewusstsein, muss für beide Seiten deiner Natur arbeiten. Auf der einen Seite macht Spiritualität dich erfolgreicher, gesünder, schöner und gestaltet deine Beziehungen mit anderen glücklicher. Auf der anderen Seite hilft die Spiritualität deinem Geist voranzukommen, deiner Seele zu blühen, deinen inneren versteckten Fähigkeiten sich zu offenbaren und zu vergegenwärtigen.

Menschen sind spirituell, indem sie für ihre finanziellen und physischen Angelegenheiten arbeiten, sie in Ordnung bringen und gleichzeitig bestrebt sind, Verstand und Geist weiter zu entwickeln und bes-

sere Beziehungen zu den höheren Kräften der Natur aufzubauen.
Spiritualität bedeutet Vorankommen auf beiden Seiten, Entfaltung
und Aufblühen. In Zukunft muss es eine Generation geben, die nicht
vollkommen in der Materie verhaftet ist. Allerdings darf diese Generation auch nicht völlig abgehoben sein und sich in Illusionen verlieren.
Den Mittelweg zu finden, ist die wichtigste Aufgabe. **Menschen, in
denen Geist und Materie ausgeglichen sind, sind für die Menschheit von grossem Nutzen und werden als erfolgreich angesehen.**

Arbeitet ein Wissenschaftler auf dem Gebiet der Chemie oder der
Physik und verliert sich vollkommen darin, dann ist er nicht ausgewo-
gen und könnte Atombomben oder andere zerstörerische Waffen
kreieren. Er würde unter Umständen solche Erfindungen machen,
die deine Gesundheit und dein Glück auf dieser Erde vernichten würden. Hätte eben dieser Wissenschaftler seine spirituelle Seite in glei-
chem Masse entwickelt, dann hätte er Balance in seiner Kreativität.
Er würde sich fragen: »Wenn ich diesen Plan kreiere, wird er der
Menschheit dienen oder wird er zu Problemen, Verschmutzung und
Zerstörung führen?«

Suchst du zum Beispiel eine Freundin oder einen Freund oder willst
du heiraten, so musst du dein Unterscheidungsvermögen einsetzen.

Unterscheidungsvermögen ist das Resultat einer Auffassung, die
die physischen, als auch die spirituellen Faktoren in Betracht zieht
und zu einem ausgewogenen Schluss kommt. Manche Menschen
suchen sich einen Partner, weil er reich oder attraktiv ist. Selten fragt
jemand nach der Spiritualität des anderen. »Ist er spirituell? Hat er
grosse Visionen? Ist sie nobel? Ist sie vertrauenswürdig, hilfsbereit, hin-
gebungsvoll? Hat er Sinn für Verantwortung?« Das sind die spirituellen
Aspekte einer Beziehung.

Gehst du zum Strand, siehst ein schönes Bein und heiratest es, hast
du ein Problem, denn du musst auch das zweite heiraten.

Dies ist sehr praktisch für uns, und in jedem Belang des Lebens sollten wir beide Seiten sehen. Dieses Geschäft, dieser Mensch, dieses Buch, diese Lektion: Ist Balance darin? Sind beide Seiten des Lebens in Balance oder gibt es Fanatismus, Einseitigkeit? Wird die andere Seite, die existiert, um das Leben in der Balance zu halten, vernachlässigt oder ignoriert?

3. Versuche immer, die Gesetzmässigkeiten von Karma als »Rückendeckung« zu haben.

Karma ist das Gesetz von Ursache und Wirkung. Jede Handlung im physischen, emotionalen und mentalen Bereich kreiert eine Reaktion. Aktion und Reaktion gleichen sich im Leben aus. Dein Leben ist also das Resultat deiner Handlungen. Manchmal tust du alles physisch und spirituell Mögliche, doch du bist nicht erfolgreich. Was hält dich vom Erfolg ab? Es ist dein schlechtes Karma. Warum hast du schlechtes Karma? In der Vergangenheit hast du keine guten Samen ausgesät und nun erwartest du die beste Ernte. Das ist nicht möglich, denn aus schlechten Samen kann nicht reiche Ernte werden.

Mit diesem Wissen erlangst du grosse Weisheit. **Diese Weisheit lehrt dich, dass wenn du in Zukunft erfolgreich sein willst, du andere Menschen jetzt, in der Gegenwart, erfolgreich machen musst.** Politik, Ökonomie, Finanzwelt, selbst die Wissenschaft hat sich dem karmischen Teil von Erfolg noch nie gewidmet. Selbst wenn du ein Genie bist, wirst du dich nie an deinem Erfolg erfreuen können, wenn dein Karma dein Vorankommen nicht toleriert, da du in der Vergangenheit nicht die Samen für den zukünftigen Erfolg gesät hast.

Die moralische Lektion besteht darin das du **jetzt, in der Gegenwart, alles dir Mögliche tun musst, um den Erfolg anderer Menschen zu sichern: So erst kannst du in Zukunft Erfolg haben.**

Karma funktioniert in alle Richtungen. Nehmen wir an, du bist Arzt und selbst krank. Du hast alles was nötig ist, um dich gesund zu machen, aber du bist krank. Du strebst mit aller Kraft danach gesund zu sein, aber du schaffst es nicht, weil dein Karma es nicht zulässt. Warum ist das so? Dieser Zustand tritt zutage, weil du in der Vergangenheit andere krank gemacht hast. Du hast Dinge getan, die andere Menschen krank machten. Nun erntest du die Effekte dessen, was du in der Vergangenheit anderen Menschen zugefügt hast.

Du nimmst ein Buch und du willst den Inhalt aufnehmen, daraus lernen und das Gelernte praktizieren. Zum Beispiel nimmst du den **»Sinn des Lebens«**.[1] Du liest es und sagst dann zu mir: »Was für ein schönes Buch. Was für wundervolle Gedanken, Ideen, Visionen, was für eine grosse Inspiration!« Okay, wunderbar! Das Buch ist gut. Du liest die Worte, aber du kannst sie nicht wirklich aufnehmen. Etwas hält dich davon ab, die inspirierenden Gedanken in deine Realität einzubringen. Was geht hier vor? In der Vergangenheit hast du Menschen davon abgehalten, spirituell zu sein und ihr wahres Selbst zu leben. Das ist die Rechnung, die du begleichen musst. Ganz egal was du tust, du kannst nicht erfolgreich sein, noch nicht einmal darin, dieses Buch zu verstehen, es zu kaufen oder Geld zu haben, um ein Seminar zu besuchen. Etwas hält dich davon ab. Dieses etwas ist dein, dich aus der Vergangenheit begleitendes Karma.

Für unseren Erfolg brauchen wir nicht nur Bewusstseinserweiterung, nicht nur Spiritualität, sondern auch ein Karma, das nicht Hindernis ist. Das Nichtvorhandensein von karmischen Hindernissen ist wie Rückenwind. Einmal flogen wir von Europa nach New York. Der Pilot sagte uns: »Wir fliegen mit 180 Meilen pro Stunde Rückenwind.« Im Ergebnis dessen kamen wir zwei Stunden früher an.

Das Karma-Gesetz an deiner Seite zu haben, ist ganz genau so. Es ist, als würdest du in den Strom des Flugzeuges gelangen, der dich zum Erfolg trägt und du wunderst dich, warum dir solcher Erfolg beschieden ist. Du hast in der Vergangenheit die richtigen Samen gesät.

---

[1] »The Purpose of Life« – »Der Sinn des Lebens« von Torkom Saraydarian

Kapitel 1.

Wir können unsere Vergangenheit nicht schnell, mit einem Mal verändern; deshalb müssen wir uns auf die Gegenwart konzentrieren. Um unser Leben in der Zukunft erfolgreich zu machen, müssen wir auch das Leben anderer Menschen finanziell und spirituell erfolgreich gestalten. Das ist für uns alle die Möglichkeit in Zukunft erfolgreich zu sein.

Aber wie können wir die Ergebnisse unseres aus der Vergangenheit stammenden Karmas überwinden und den Weg für bleibenden Erfolg ebnen? Die Antwort ist Folgende:

a. Versuche zu verstehen, dass die Wurzeln deiner gegenwärtigen Misserfolge in deiner vergangenen Lebensweise zu finden sind.

b. Sei bestrebt Menschen dabei zu helfen ihr Leben in der Weise leben zu können, wie du es gerne in Zukunft leben willst.

4. Sei ehrlich. Das ist der vierte Faktor für spirituellen Erfolg. Ehrlichkeit ist einer der Schlüssel zum Erfolg. Je ehrlicher du dir und anderen gegenüber bist – mit dir selbst und mit deinem Chef, mit dir selbst und deinem Unternehmen, mit dir selbst und deiner Vision – umso erfolgreicher wirst du sein. Das ist so, weil Ehrlichkeit und Balance die hilfreichen und kreativen Kräfte des Universums anziehen. Erfolg als Ergebnis von Unehrlichkeit wird letztlich versagen, da er seinen Magnetismus verliert und sich auflöst. Ehrlichkeit jedoch, stellt eben diesen Magnetismus in dir her, in deiner Gruppe. Dieser Magnetismus wird innerhalb deiner Umwelt all die kreativen Kräfte anziehen, die dir helfen werden, wahrhaft erfolgreich zu sein.

Was bedeutet es, dir selbst gegenüber ehrlich zu sein? Es bedeutet, dich nicht selbst zu betrügen, nichts zu vertuschen und dich mit dir selbst von A – Z zu konfrontieren. Wenn du zum Beispiel einen Fehler gemacht hast, dann gib es zu. Wenn du es verursacht hast, dass die Dinge sich negativ entwickeln, dann akzeptiere es. Sei freimütig, aufrichtig und offen; sei ehrlich mit dir selbst.

Sei ehrlich zu anderen, denn deine Ehrlichkeit kann nicht zuneh-
men und sich entfalten, wenn sie nicht reflektiert und auf die
Beziehungen die du lebst bezogen wird. Bist du ehrlich zu dir selbst,
nicht jedoch zu deinem Mann oder deiner Frau, dann zerstörst du
deine Balance. Ehrlichkeit ist auch die Fähigkeit, gleichzeitig im spirituellen und physischen Bereich zu wirken.
Was ist Balance? Balance ist die Fähigkeit, die Bedürfnisse in
deinem Leben untereinander proportional zu halten und einen Zustand zu kreieren, in welchem Geben und Nehmen deinem körperli-
chen und geistigen Fassungsvermögen entsprechen.

Die Elemente des Lebens sind der physische Körper und die physischen Formen, der Emotionalkörper und die Emotionen, der Mental-
körper und die Gedanken, die spirituellen Körper und ihre Tugenden.
Deine Handlungen in irgendeinem dieser Bereiche müssen das Ergebnis
der Balance aller dieser Elemente sein.

5. Wachse an Würde. Würde heisst Selbstrespekt, ein aufrichtiges Leben
und eine aufrichtige Einstellung. Ein Mensch der Würde hat, manipuliert
niemanden und beutet keinen aus. Ein Mensch der Würde hat, trägt
dazu bei, dass Schönheit, Güte, Rechtschaffenheit, Freude und Freiheit
anwachsen. Ein Mensch der Würde hat, ist bereit, sich ganz zu geben.

6. Mach deine Liebe gross. Manche Menschen denken, dass Hass
Erfolg bringt. Manche Menschen denken, dass Separatismus Erfolg
bringt. Manche Menschen denken, das sie erfolgreich werden, wenn
sie andere berauben. Lebst du dein Leben auf Kosten anderer, mögen
dich manche erfolgreich nennen. Die Naturgesetze jedoch wirken
anders. **Je mehr Liebe du hast, umso mehr Erfolg wirst du haben –**
Erfolg, der immerwährend ist und sich mehr und mehr vergrössern
wird. Der Umgang mit den Menschen in all deinen individuellen
Beziehungen muss Liebe als Grundlage haben.

Was ist Liebe? Liebe ist das Ansinnen, rechte menschliche Beziehungen herstellen zu wollen, ganz gleich wo man ist, ganz gleich in welchem Bereich man tätig ist und es bedeutet auch, sich für andere einzusetzen. Nimm einmal an, ein Mädchen arbeitet in einem Büro und hasst ihre Kollegen oder ihren Chef. Dieses Mädchen wird nicht lange in dem Büro bleiben, weil sie gegen die Grundsätze von Erfolg arbeitet.

Welches sind die Prinzipien von Erfolg? Bewusstsein, Spiritualität, Karma, Ehrlichkeit, Würde und Liebe.

Liebe bedeutet inklusiv zu sein, sich verständlich zu machen und andere Menschen zu verstehen. Auf diesem Weg wird dir und anderen deine Liebe alles möglich machen, um Erfolg zu realisieren.

Diese sechs spirituellen Faktoren werden auf natürliche Weise in dir die Fähigkeit kreieren Geld anzuziehen, Wissen zu haben, den richtigen Platz zu finden, die richtige Umgebung, den richtigen Job. Sie werden dir helfen den richtigen Zeitpunkt zu erkennen, um all dies möglich zu machen.

Alle Menschen streben danach, erfolgreich zu sein. Bleibt die Spiritualität dabei auf der Strecke, ist der materielle Erfolg nur Quelle für Schmerz und Leid. Werden die sechs Kräfte kultiviert, wird mit Sicherheit der Erfolg ihren Schritten folgen.

Faktoren für Erfolg

Es gibt weitere Faktoren die hilfreich dabei sind, Erfolg herbeizuführen. Du musst hart daran arbeiten alles zu wissen über das Tätigkeitsfeld in dem du arbeiten willst. Wie kannst du Elektriker sein ohne jemals etwas über Elektrik gelernt zu haben? Oder wie kannst du Musiker sein ohne täglich wenigstens drei Stunden auf deinem Instrument zu üben?

Du solltest dir den Ort, an dem du arbeiten wirst, sehr aufmerksam ansehen. Prüfe diesen Ort unter dem Gesichtspunkt psychologischer Auswirkungen, genauso wie unter dem Gesichtspunkt des Geschäftes und der Gesundheit. Das Umfeld, welches du für dich entdeckst, sollte anspornend und inspirierend auf dich wirken und helfen deinen Erfolg zu unterstützen.

Suche nach dem Job, der genau zu dir passt. Du brauchst das richtige Timing – um reif dafür zu sein und um dich zu bewerben. Natürlich können dir Astrologen bezüglich des richtigen Zeitpunktes viele Ratschläge geben, doch solltest du nicht vergessen, dass du ein wesentlich komplexeres Instrument besitzt, welches viel hochwertiger ist als Astrologie; dein Herz. Höre auf dein Herz, sieh in ihm deinen engsten Ratgeber wenn es um deinen Job geht und auch, was alle anderen Entscheidungen anbelangt.[1]

Ein anderer Faktor ist, sich dessen bewusst zu sein, dass **Erfolg das Ergebnis unserer eigenen Arbeit sein muss, die auf den richtigen Motiven basieren sollte.**

Die Leute machen oft andere für ihre eigenen Fehler verantwortlich und kreieren dadurch mehr und mehr Hindernisse auf ihrem Weg zum Erfolg. Wir müssen wissen, dass der Grund für unsere Fehlschläge oftmals in uns selbst zu finden ist. Das wirklich zu verstehen, ist bedeutsam. Solange man sich nicht auf sich selbst verlässt und alle vorhandenen Ressourcen ausschöpft, solange wird man nicht erfolgreich sein.

---

[1] Für zusätzliche Information siehe auch: »The Flame of the Heart«

Kapitel 2.

Erfolg ist die Frucht deiner Arbeit. Fehlschläge sind die Ergebnisse vieler vergangener und gegenwärtiger falscher Haltungen und Taten. Wann immer du fehlst, verdamme nicht aus irgendwelchen fadenscheinigen Gründen andere dafür. Suche stattdessen die Ursachen bei dir selbst. Allein durch diese Bemühung beginnst du auf eigenen Füssen zu stehen und die Verantwortung für dein Leben zu übernehmen.

Jene, die den Erfolg bereits mitbringen, doch dessen nicht würdig oder nicht wirklich dazu bereit sind, diese werden ihn schnell wieder verlieren. Erwarte nicht, dass andere dir helfen. Doch übe auch du keinen Druck auf andere aus, dir behilflich zu sein. Gib keinem die Schuld und sei nicht böse, wenn dir keiner hilft.

Beginne daran zu denken, dass dein Erfolg das Ergebnis deiner eigenen Anstrengungen, Arbeit, Gesundheit, deines Glücks und deiner Intelligenz sein muss. Wann immer du fehlst, suche die Ursachen zuerst bei dir selbst zu finden.

Manche Menschen werden durch die Unterstützung anderer erfolgreich. Sind die eines Tages nicht mehr da, ist das oft der Beginn vieler Niederlagen.

Wenn du einen Fehler machst, bedenke, dass es dich nicht weiter bringt, wenn du dich deshalb selbst fertig machst. Suche statt dessen wissenschaftlich nach den Ursachen. **Manchmal ist es viel wichtiger, diese Ursachen des Misserfolges zu finden, als den momentanen Erfolg um jeden Preis aufrecht zu erhalten.**

Oft dauert Erfolg nur einige Jahre an. Beseitigst du aber energisch die Ursachen, die zu Niederlagen führen, dann verwandelt sich dein Erfolg zu einem sich stetig vergrössernden Abenteuer.

Verlass dich auf dich selbst und mach den Erfolg zur Frucht deiner eigenen Arbeit. Natürlich darfst du nicht vergessen, den unsichtbaren Kräften, die dir halfen, weil du dir selbst geholfen hast Dankbarkeit entgegenzubringen.

Frage & Antwort

Frage: Können Sie erklären, warum manche spirituelle Menschen wesentlich mehr Zeit mit geistiger als mit körperlicher Arbeit verbringen und trotzdem alles besitzen, was sie zum Leben brauchen?

Antwort: Uns wurde erzählt, dass Christus oft keinen Platz zum Schlafen hatte. Wohlhabende Menschen öffneten ihre Türen, um ihn zum Essen einzuladen, ihm einen Schlafplatz anzubieten. Sie feierten gemeinsam und ihm wurden die schönsten Kleider geschenkt. Jeder gab ihm Geschenke, von denen wir uns keine Vorstellung zu machen vermögen. Die drei Weisen zum Beispiel brachten ihm die allerkostbarsten und teuersten Geschenke. Er hatte alles, aber er hatte nicht das Bedürfnis, viele Dinge zu besitzen.

Sein physischer Körper war perfekt. Er hatte vollendete Emotionen und die reinsten Gedanken. Dies war seine physische Seite. Aus diesen Gründen konnte er sich völlig der Aufgabe widmen, die Menschen physisch und spirituell glücklich zu machen.

Wenn du deine künstlich entstandenen Bedürfnisse minimierst, dann stehen dir viel grössere Ressourcen zur Verfügung, um erfolgreich zu sein. Menschen schaffen sich selbst gerne Fallen und lassen sich gerne in ihnen fangen.

Buddha hatte keine künstlichen Bedürfnisse. Die Leute sagen, dass Buddha nichts besass, dass machtvolle Könige ihm hunderte Hektar Land, Tempel und Häuser schenkten. Er hatte alles. Warum besass er all dies? Weil er nicht mit den Dingen verhaftet war, die ihm geschenkt wurden.

Es ist eine falsche Idee zu denken, dass Spiritualität nicht mit Wohlstand verbunden ist. Du braucht materielle Dinge. Du brauchst das beste Auto. Du bist ein König. Du kannst dich dazu entscheiden, an den schönsten Orten leben zu wollen, die schönsten Kleider zu tragen, das schönste Haus zu besitzen – **doch nicht auf Kosten deiner**

Kapitel 2.

Spiritualität! An diesem Punkt musst du aufmerksam sein. Sollten deine finanziellen oder physischen Probleme überhand nehmen, bist du erledigt. Du musst verinnerlichen, dass dein gesamtes physisches Umfeld einem höheren Zweck dienen soll und das dieser höhere Zweck spirituell sein muss. Du musst nach einer Verfeinerung und Transformation deines Lebens streben.[2]

Frage: Wenn mich Karriere und spirituelle Vision in zwei verschiedene Richtungen führen, wie finde ich da eine Balance?

Antwort: Das ist ein Punkt, den viele Menschen nicht begreifen. Es wird einfach keine zwei verschiedenen Richtungen geben. Lass es mich dir an einem einfachen Beispiel deutlich machen:

In einem katholischen Kloster gab es eine Nonne, die zur Heiligen wurde. Zu der Zeit, als sie gerade erst Nonne geworden war, gab man ihr die Aufgabe, die schmutzigen Sachen der kranken Schwestern und Brüder zu waschen. Die Sachen waren blutig und verdreckt und zu dieser Zeit gab es im Kloster keine Waschmaschinen. Das arme Mädchen musste alle Sachen mit der Hand waschen. Am ersten Tag ärgerte sie sich fürchterlich und dachte: »Ich kam hierher, um grossartige Vorträge zu hören, grosse Visionen zu haben, wunderbare Ideen, Inspiration. Ich wollte beten, singen und nun bin ich hier abgestellt und arbeite jeden Tag hart mit meinen Händen in all dem Schmutz.« Sie rebellierte gegen sich selbst, bis sie eines Tages in der Kirche betete. Ihr kam eine Idee, wie sie das Waschen der schmutzigen Sachen mit Spiritualität erfüllen könnte. Sie dachte sich: »Ich kann ja einfach annehmen, dass alle diese Sachen die Sachen von Christus sind und ich seine Kleider wasche.« Das erfüllte sie mit grosser Freude. Tag und Nacht wusch sie die Kleider nun mit diesem Gedanken: »Jesus, du weisst, dass ich diese Hose für dich wasche. Diese Leinen wasche ich für dich. Diese Sachen wasche ich für dich.« Ihre Freude wurde immer

---

[2] Siehe dazu: »The Purpose of Life« und »The Spring of Prosperity«

größer. Sie fuhr fort in Freude zu dienen und begann Visionen zu haben. Christus kam und sprach zu ihr. Heilige kamen und sprachen zu ihr. Engel kamen, sprachen mit ihr und belehrten sie viel besser als die Älteren des Klosters es hätten tun können.

Man kann das Geheimnis von Erfolg in den kleinsten täglichen Verrichtungen finden, wenn Spiritualität und das physische Leben nicht voneinander getrennt werden. Widme jede Art der Arbeit einem höheren Zweck. Du kannst zum Beispiel sagen: »Ich schreibe diesen Brief an ein Mädchen. Ich schreibe ihr damit sie mutiger wird, schöner, purer. Sollte sie dadurch so werden, wie ich es mir für sie erträume, dann diene ich dem Willen Gottes; ich bin wahrhaft spirituell, ich bin verbunden mit dem spirituellen Dynamo.«

Trenne niemals Spiritualität vom Leben, denn wo immer du auch hingehst, begegnen dir Geist und Materie. Wenn du keine Trennung machst, dann kannst du Materie in Geist umwandeln oder den Geist der Materie dienen lassen. Diese beiden Elemente unterstützen sich gegenseitig in einer vollkommen ausbalancierten Weise. Weisst du diesen Faktor für dich zu schätzen, wirst du physisch und geistig ein erfolgreiches Leben führen.

Beim Tippen im Büro sage dir einfach: »Ich tippe das gerade für Christus, für Buddha, für Krishna.« Denkst du jedoch ständig nur daran, dass du die ganze Arbeit, alle täglichen Pflichten für für nichts und niemanden verrichtest oder wartest du einzig auf den Dollar, der dir dafür zusteht, kann es passieren, dass du rebellisch wirst und aufgibst. Genau an diesem Punkt verpasst du deine eigene Spiritualität. **Das Ziel jeglichen Dienstes sollte es sein zu begreifen, dass alles was wir leisten, für alle Menschen gleichermassen getan wird.** Das ist der Hauptschlüssel zum Erfolg.

Die drei Seiten von Erfolg

Erfolg ist nicht nur auf das physische und spirituelle Wohlergehen eines Menschen begrenzt. Es gibt eine weitere, wichtige Facette, der man Beachtung schenken sollte. Sie besteht darin, sich mit den Hindernissen, Problemen und Widerständen im Leben auseinander zu setzen, sie zu durchschauen, zu durchdringen und aufzulösen. Auch das ist ein grosser Erfolg.

Erfolg hat nun drei Seiten. Die physische, die spirituelle und diejenige, die Reibung erschafft zwischen diesen beiden Seiten, nämlich deine ganz persönlichen Hindernisse, Bürden und Anhaftungen. Was solltest du nun tun? Schau dir ganz genau an, an welcher Stelle eben jene Hindernisse und Hinderungen dir begegnen, die dich von Weiterentwicklung, Wachsen und Wohlergehen zurückhalten. Sei es in deiner Familie, innerhalb deiner sozialen Beziehungen, bei deiner Arbeit oder in der Freizeit. Es ist sehr wichtig, sich dem zu stellen, denn schaust du nur aus der Distanz zu, werden viele Hinderungen und Probleme grösser und grösser und wachsen dir eines Tages über den Kopf. Du wirst ihnen dann mit Sicherheit an einer anderen Kreuzung deines zukünftigen Lebensweges begegnen. Gleichzeitig mit deinem physischen und spirituellen Erfolg solltest du auch darin erfolgreich sein, Probleme, Missverständnisse, Hinderungen und Hindernisse, die du in dir trägst, die zwischen dir und anderen bestehen, die im Bereich deines Dienstes sind, aufzulösen. Das erst garantiert dir vollkommenen Erfolg. Siehst du zum Beispiel, dass du mit deiner Frau oder deinem Mann ein kleines Problem hast, ein Hindernis oder ein Missverständnis, ignoriere es auf keinen Fall. Bemühe dich stattdessen, eine Lösung zu finden. Übergehst du es einfach, wächst es beständig und du wirst es wie einen Sack hinter dir her schleppen. Erfolg muss dein physisches und spirituelles Leben schön machen, er muss jedoch ebenfalls deine **Probleme auflösen, die Reibungen deines Lebens.**

Kapitel 3.

Bevor du dir nicht einen freien Raum geschaffen hast, indem du Probleme gelöst und Hindernisse aus dem Weg geräumt hast, kannst du nicht fliegen, in deinem Erfolg nicht voranschreiten. Jedes einzelne ungelöste oder willentlich unbeachtete Problem wird weiter anwachsen und Schwierigkeiten für dein Vorankommen kreieren.

Du hast nun also drei Aufgaben: Bereite die physische und spirituelle Seite deines Erfolgs vor, und löse die Ursachen deiner Hindernisse auf.

Manchmal magst du denken: »Von hundert Leuten gibt es nur einen, der mich hasst. Damit kann ich leben.« Doch gerade dieser eine Mensch kann ein wesentlicher Faktor für deine Fehlschläge sein. Du wirst diesen Zustand mit Hilfe deiner Demut, deines Verständnisses, deiner Spiritualität, deines erweiterten Bewusstseins, deiner Würde, deiner Ehrlichkeit und deiner Aufrichtigkeit verändern. **Du wirst jedes nur mögliche Werkzeug anwenden, um** Hindernisse und Widerstände aus dem Weg zu räumen und deine »Feinde« zu deinen Mitstreitern zu machen. Das ist der gewichtigste Erfolg, den du erlangen kannst. Dieser Erfolg wird am Ende von den höheren Kräften Beachtung finden und sie werden sagen: »Wir werden dir ein Geheimnis des Erfolges geben, denn du hast dazu beigetragen, Kooperation zu kreieren.«

Christus sagte einst: »Willst du deine Gaben zum Altar bringen und beten, gehe zuerst hin und schaffe Verständnis zwischen dir und deinen Feinden, kläre alle Feindseligkeiten. Erst dann komm und bringe deine Gaben dar!« Genau das kommt uns aber nicht in den Sinn. Wir sagen: »Der und die sind schlecht, sie sind Verleumder, sie tratschen über mich, sie hassen alle anderen und sind nur auf Rache aus, sollen sie doch zur Hölle fahren!« Jemandem, der erfolgreich sein will, wird jedoch der Effekt solcher Feindseligkeiten bewusst werden. Mit der Zeit, Schritt für Schritt wird er versuchen, das aufzulösen und das aufzulösen und seine Feinde dazu zu bringen, demselben Zweck zu dienen.

Nehmen wir zum Beispiel Politiker, die beabsichtigen eine bestimmte Nation auszulöschen, um das eigene Land erfolgreich zu machen. Okay, das ist der eine Weg. Sind wir klüger, werden wir diese Nation zu unserem Mitstreiter machen, unserem Freund. Dadurch wird uns grösserer Erfolg beschieden sein. Wendet man sich endlich diesen Prinzipien zu, wird sich die Politik verändern. An Stelle von Mord, Raub und Vernichtung wird unter den Menschen Wohlergehen entstehen. Kooperation wird uns näher zusammen bringen, näher als es auf irgendeine andere Weise möglich wäre und erst jetzt hat jeder einzelne wirklich die Chance, das Ziel zu erreichen, wofür alle arbeiten.

Eines Tages kam ein Mädchen zu mir und sagte:»Ich bin ständig krank! Ich bin überhaupt nicht erfolgreich! Ich versage in allen Dingen!« Ich sagte zu ihr:»Hast du Schwierigkeiten mit deiner Mutter?«

»Oh,« sagte sie,»sie ist der Teufel. Ich hasse sie.«

»Nun,« sagte ich,»darin liegt die Ursache deines Versagens.«

»Nein, meine Mutter hat nichts mit meinen Angelegenheiten zu tun!«

»Nun,« sagte ich,»du denkst, es wäre so. Die Schwierigkeiten mit deiner Mutter sind aber in deinem Bewusstsein fest verankert. Hat dein Bewusstsein einen Tumor, wird es dich nicht zum Erfolg führen. Der Ursprung für dieses Problem liegt in dir selbst, nicht ausserhalb von dir. Was wäre, wenn du versuchst, etwas zu verändern, eine gemeinsame oder wenigstens eine bessere Sprache mit deiner Mutter zu finden? Was wäre, wenn du versuchen würdest, dieses Problem nicht länger vor dir her zu schieben, sondern es direkt anzugehen?«

Sie tat es. Sie schickte ihrer Mutter eine Karte, später ein Geschenk, dann schenkte sie ihr ein Radio und einen Fernseher. Mit 300 Dollar gewann sie das Herz ihrer Mutter. Nachdem sie sich zum ersten Mal umarmt hatten, schenkte ihr die Mutter 5000 Dollar. Die Tochter sagte:»Ich bin erfolgreich!« Das ist Erfolg. Warum sollten wir wegen Hass ständig Niederlagen erleben müssen?

Wir können Hass besiegen. Natürlich ist es einfach, das zu sagen.

Kapitel 3.

Es zu tun, ist viel schwieriger. Es ist schwierig, weil wir Stolz, Eitelkeit und Ego haben. Sie begleiten uns auf unserem Weg und halten uns davon ab, genau die Dinge zu tun, die Feindseligkeit und Hass auflösen würden.

Vergisst du mal, ein Mädchen zu begrüssen, könnte sie denken: »Er sagt nicht einmal Hallo zu mir, er ist so und er ist so.« Du hörst alles, was sie sagt und denkst dir: »Das macht nichts.« Doch ihr Zorn wächst und wächst, er wird zu Feindseligkeit gegen dich, weil du dich mit diesem scheinbar unwichtigen Vorgang nicht beschäftigt hast. Wenn du diesem Problem aber entgegentrittst und deine Weisheit nutzt, um es aus der Welt zu schaffen, dann wird es möglich, das Missverständnis zu klären und ihr Bewusstsein zu verändern. Sie wird dich verstehen und ihr werdet kooperieren.

Machst du dir diese wenigen Aspekte bewusst, bedeutet das einen grossen spirituellen Fortschritt.

Sechs Faktoren die aufgelöst werden müssen, um Erfolg zu haben

Um in deinem Leben erfolgreich zu sein, musst du folgende Dinge eliminieren:

- Angst
- Hass
- Verleumdung
- Verrat
- Eifersucht
- Rachsucht

Einer der Faktoren, den du aus deinem Leben ausschliessen musst, ist Angst. Angst ist ein Parasit der dich befällt, der in dein Nervensystem eindringt und dich lähmt. Versuche, nicht über Angst zu sprechen, nicht an sie zu denken. Jage anderen Menschen keine Angst vor dir ein und erlaube nicht, dass andere Angst in dein Herz einpflanzen. Kannst du die Angst aus deinem System ausschliessen, dann stehen die Chancen gut erfolgreich zu sein.

Die meisten Menschen haben keinen Erfolg, weil sie sich in ihrem Innersten mit Ängsten tragen. Die Naturgesetze jedoch funktionieren anders. **Hast du keine Angst und bist du in Balance, kontrollierst du die Kräfte, die gegen dich arbeiten.** Ohne Angst wirst du ein sehr erfolgreicher Mensch sein. Angst kann dein Nervensystem paralysieren, deine Wirksamkeit, dein Streben. Versuche jegliche Art von Angst, die sich in dein Geschäft, dein Familienleben, das Leben deiner Kinder einschleicht, aufzuhalten, denn Angst ist ein Virus. Die Angst zu überwinden ist ein Erfolg in sich.

Handel jedoch immer in dem Bewusstsein, nicht gegen spirituelle, moralische oder soziale Gesetze zu verstossen. Jene, die diesen Gesetzen zuwiderhandeln, werden ohne Ende von der Angst verfolgt. Angst hat viele Ursachen. Gehe deiner Angst auf den Grund, dann wird sie sich auflösen.

Der zweite Faktor, den du eliminieren musst, ist Hass. Versuche, so wenig wie möglich zu hassen. Was bewirkt Hass? Hass kreiert Störungen in der Symphonie deines Lebensplanes und dem Lebenszweck, der in deinem Bewusstsein verborgen ist. Er verbrennt deine Drähte und entzieht deinem System die Elektrizität. Er frisst dich auf. Wirst du vom Hass verschlungen, dann erwarte nicht, überhaupt Erfolg zu haben.

Du wirst fragen: »Was ist mit den Leuten, die den Hass schlechthin verkörpern und doch erfolgreich sind?« Sie sind es nicht. Sie sind in höchstem Masse unglücklich. Sie haben zwar Geld, doch sie können sich nicht daran freuen. Sie haben Frauen, doch sie streiten sich nur die ganze Zeit. Sie haben Kinder, doch sie sind unglücklich. Sie können sich einfach nicht an dem erfreuen, was sie haben. **Kannst du dich nicht an dem freuen, was du physisch und spirituell hast, bist du ein Verlierer.**

Hass paralysiert den Mechanismus deines Erfolges vollständig und bringt dich zu Handlungen, die dich ins Verderben stürzen. Lernst du, mit all diesen Dingen in deinem Leben richtig umzugehen, wirst du bald ein erfolgreicher Mensch sein, der die Bazillen aus seinem System entfernt hat.

Der dritte Faktor ist Verleumdung. Hüte dich davor in Verleumdungen verwickelt zu sein. Denn das würde Störungen in deinem Geist erzeugen. Es würde die Kommunikationslinien verbrennen, die du für deinen Erfolg aufbaust. Erfolg wirkt durch Kommunikation, durch Briefe, die Stimme, ein Händeschütteln, durch Gespräche. Dein Kommunikationssystem umgibt dich jeden Augenblick. Verleumdest du andere, verbrennt dieses System an vielen Stellen und wird möglicherweise zerstört. Auf diese Weise wirst du Opfer deiner eigenen Verleumdungen. Jemand, der andere verleumdet, gräbt sich sein eigenes Grab. Du wurdest kreiert, um eine erfolgreiche Person zu sein. Lege dich deshalb nicht in ein von dir selbst geschaffenes Grab. Hast du irgendein Problem mit einem Menschen, triff dich mit ihm und redet darüber. Seien es zum Beispiel zehn Dollar:»Okay, fünf von mir und fünf von dir.« Das war's! Löse deine Probleme mit Mut, Verständnis und Demut. Nur so kannst du vorwärts kommen. Lass' nicht zu, dass die Samen des Karmas auf deinem Weg übermässig aufkeimen.

Der vierte Faktor ist Verrat. Wem du jemals eines Menschen Freund warst, bleibe ihm freundschaftlich verbunden. Betrüge ihn nicht. Lass' dich nicht in Verrätereien einbeziehen. Das ist wirklich sehr wichtig, denn die spirituellen Kräfte gewähren dir keinen Erfolg, inspirieren und schützen dich nicht, wenn du dich auf Betrügereien und Verrat einlässt. Halte dich fern von Verrat, Angst und Hass, und du hast die Geheimnisse eines erfolgreichen Lebens erkannt.

Der fünfte und sechste Faktor sind Eifersucht und Rachsucht. Eifersucht und Rachsucht sind destruktive Gefühle. Sie zerstören nicht nur deinen Körper, sie zerstören auch dein Gehirn. Ein Geschäftsmann, der eifersüchtig und rachsüchtig ist, verliert bald seinen Kopf – dann sein Geschäft.»Eifersüchtige Menschen zerstören ihre eigene Zukunft. Eifersucht verursacht Irrationalität im Geiste und führt zu zerstörerischen Handlungen. Es gibt ein altes Sprichwort, darin heisst es: 'Eifersucht ist eine giftige Viper, die sich selbst in den Schwanz beisst.'«[1]

---

[1] Siehe : »New Dimensions in Healing«, Seite 205

Sechs Faktoren die hinzugefügt werden müssen, um Erfolg zu erreichen

Um erfolgreich zu sein, brauchst du ausserdem mehr:

- Mut
- Kühnheit
- Kooperation
- Dienst
- Konzentration
- Meditation

Zuallererst ist es wichtig Mut zu entwickeln. Im Geschäftsleben, für Erfolg, brauchst du immer Mut. Rede nicht nur so von Mut, trainiere ihn. Manche sagen sehr mutige Dinge, doch sind sie deshalb nicht notwendigerweise mutig. Aber du wirst mutig sein. Was bedeutet es eigentlich mutig zu sein? Mutig sein heisst, sich selbst zu öffnen und die eigene Spiritualität fliessen zu lassen. Anstatt dich selbst zu behindern, zu begrenzen, in falschen Bildern, Vorstellungen von dir selbst einzusperren, solltest du dies mit deiner feurigen Geisteskraft vernichten. Du bist einfach durch deine früheren Fehlschläge, vergangene Niederlagen, deinen Hass, deinen Groll und Verleumdungen blockiert. Gib den Elementen, die dich behindern, keinen Raum. Lass' deine Spiritualität frei, lass' dein wahres Selbst in deinen Leben wirksam werden.

Mut ist ein Bewusstseinszustand, in dem deine selbst erzeugten Hindernisse deinen Erfolg nicht mehr blockieren können. Mut stellt sich über deine Eitelkeit, Ego, Separatismus, Hass, Rachsucht, Verrat und besiegt all diese Elemente. Das ist Mut. Du kannst Mut entwickeln. Du musst dich dafür entscheiden durch dein ganzen Wesen hindurch Freiheit auszudrücken, in deinem Dienst, in deinen Beziehungen, ohne Sklave der Hemmungen zu sein, die in deiner Natur lagen.

Viele von uns kämpfen mit ihren Hemmungen. Aus diesem Grund haben wir keinen Mut. Unsere Mütter, unsere Väter, unsere Priester haben gesagt: »Du bist dumm, du bist zu nichts zu gebrauchen.« Akzeptieren wir diese Vorstellung, die andere von uns haben, dann werden wir auch »zu nichts zu gebrauchen sein«. Mut bedeutet, alte und falsche Vorstellungen über uns selbst zu zerstören und uns in vollkommen neue Möglichkeiten hinein frei zu geben.

Der zweite Faktor ist Kühnheit. Was ist der Unterschied zwischen Kühnheit und Mut? Kühnheit bedeutet Dinge zu tun von denen man glaubt, sie niemals im Leben tun zu können. Das ist Kühnheit. »Das kann ich nicht.« – ist nicht dein wahres Ich. Das ist es nicht, was du willst. Tue stattdessen genau das, wovon du denkst, dass du es nie schaffen könntest. Erkühne dich es zu tun. Du wirst es schaffen.

Du setzt dich hin und sagst: »Ich kann das nicht.« Was geschieht, wenn du diese Situation analysierst? Du wirst erkennen, dass es viele Faktoren gibt, die dich davon abhalten. Alte Selbstbilder, vergangene Misserfolge, Niederlagen, negative Meinungen über dich, manchmal auch deine eigenen Dummheiten. All das blockiert dich, du hast keinen Mut, diesen Kreis zu durchbrechen und du hast keine Kühnheit, es noch einmal zu versuchen.

Ein Mädchen kam zu mir und sagte: »Es ist mir absolut unmöglich, vor dem Computer zu sitzen und zu tippen. Ich kann das nicht!« Jetzt tippt sie einhundertzwanzig Worte in der Minute. Wie das? Sie war kühn! Sie war einfach kühn. In dem Augenblick, in dem du denkst, etwas nicht zu können, beginnt die Herausforderung. Wach sofort auf und sage dir: »**Gerade weil ich es nicht tun kann, werde ich es erst recht versuchen!**«

Der dritte Faktor, den du in deinem Charakter weiterentwickeln solltest, ist Kooperation. Lerne, mit Menschen zu kooperieren.

Wenn du Kooperation zu einem wichtigen Werkzeug für deinen Erfolg machen willst, dann ist hier etwas sehr wichtiges für dich. Kooperiere mit anderen nicht nur aus eigenem Interesse, sondern in erster Linie, um die andere Person noch erfolgreicher zu machen. **Dein Erfolg liegt im Erfolg des anderen verborgen.**

Die Wirtschaftswelt weiss das nicht. Unsere modernen Geschäftsmänner denken nicht darüber nach, doch hier und da beginnt ein wenig Licht einzufallen. Einige verstehen, dass das beste Geschäft eines ist, welches im Interesse des anderen betrieben wird. Nur im Interesse des anderen liegt der Schlüssel zum eigenen Erfolg.

Seit tausenden von Jahren, seit die Menschheit existiert, bis zum heutigen Tag, hat jeder das Verlangen schön, gesund und wohllebend zu sein. Man hegt diesen Wunsch für sich selbst, für seine Familie, für seine Religion, seine Nation. Aber genau das hat uns zu der Stufe der Zerstörung geführt, auf der wir heute leben. Jetzt ist es an dem, uns unserem Gegenüber zuzuwenden und uns zu fragen: »Welche Art von Geschäft kann ich kreieren, um Millionen von Menschen glücklich zu machen und selbst auch glücklich zu werden?«

Führe dir vor Augen, dass der Erfolg der anderen letztendlich deinen eigenen Erfolg garantiert.

Stell' dir vor, ein grossartiger spiritueller Lehrer würde folgendes sagen: »Ich bin voller Spiritualität. Ich bin im Vater, ich habe alle Glorie im Himmel und auf Erden«. Er würde aber nicht unter die Menschen gehen um zu lehren, seine Erfahrungen mitzuteilen, um zu erleuchten. Es hätte keinerlei Wert. Sein Erfolg, seine Glorie werden alle gemessen an dem Erfolg und der Glorie, die er anderen gegeben hat, oder die er in ihnen erweckt und zum Aufblühen gebracht hat. Durch unsere Traditionen, Religion, Philosophie und Psychologie werden wir ständig einer Gehirnwäsche unterzogen. Den ersten Gedanken einer anderen Person zu widmen, kommt uns nicht in den Sinn. Ein Geschäft, das nur um das Ego kreist, hat keine Zukunft.

Kapitel 5.

Von nun an solltest du, ganz aus eigener Kraft, nach den Regeln und Geheimnissen der Kooperation suchen.[1] Lerne zu kooperieren. Erkenne, dass Kooperation ein primärer Faktor für Erfolg ist. Frage dich mal: Warum bist du gesund? Weil dein Nervensystem, deine Knochen, dein Fleisch, deine Augen, deine Nase, deine Ohren – alle Teile deines Körpers miteinander kooperieren. Warum bist du krank und im Krankenhaus? Weil die Elemente in dir nicht miteinander kooperieren. Durchdenke dieses eine Beispiel gründlich und du wirst erfolgreich werden.

Eine Ehefrau sitzt da und weint; ein Mann verletzt und verflucht alle anderen in seinem Geschäft; Kinder finden in ihrem Zuhause keine Freude – es gibt Millionen solcher Beispiele. Versuche mit allen Mitteln, die du hast, Kooperation herzustellen. Überwinde deinen Stolz, deine Dummheit, deine Kleinmacherei oder Grosskotzigkeit. Sage einfach:»Lasst uns Kooperation herstellen«, denn nur durch Kooperation werden beide Seiten einen Nutzen ziehen.

Der vierte Faktor ist Dienst. Ich habe das bereits erwähnt, als ich über Karma sprach. Du wirst niemals wirklich erfolgreich sein, wenn du nicht den Boden dafür bereitest. Wie kannst du das machen? Ein Tages besuchte ich die Tochter eines Freundes, die im Besitz von fünfzig bis sechzig Morgen Land war. Mein Freund war bereits verstorben, und die Tochter hatte das Land übernommen. Sie freute sich auf meinen Besuch. Sie sagte:»Komm, und schau dir mein Land an!« Sie hatte fünftausend Avocadobäume angepflanzt, die wunderbar wuchsen. Sie sagte:»Im nächsten Jahr werden wir die beste Ernte haben. Bring dein Auto mit, und wir werden es voll laden.« Sie wusste, dass ich Avocados liebe.

Sieh dir an, was sie tut. Sie dient. Sie pflanzt an, und pflegt die Pflanzen, um im nächsten Jahr eine gute Ernte zu bekommen.

[1] Siehe »The Physiology of Cooperation and Group Consciousness« und »The Sense of Responsibility in Society«

Was pflanzt du in deinem Leben an, um es im nächsten Jahr zu ernten? Genau darum geht es. Was pflanzt du? Pflanzt du gerade Avocadobäume in deinem Leben? **Je mehr du anderen Menschen dienst, um so glorreicher wird deine Zukunft sein.** Denkst du nicht an all die anderen, wird das ganz genau der Punkt sein, durch den du versagst. Es gab eine Nation, deren Nachbarn waren mit Cholera geplagt. Die Regierung der gesunden Nation dachte sich: »Die sind zwar unsere Nachbarn, aber das ist nicht unsere Angelegenheit.« Was geschah daraufhin? Die Viren und Keime wurden eingeschleppt, das Land wurde von der verheerenden Krankheit heimgesucht.

Es ist jetzt an der Zeit noch viel mehr an den Nachbarn zu denken, als an sich selbst. Wie können wir das unsere Politiker lehren? Studiert man die Menschheitsgeschichte wird einem klar, dass die Gesetze des Erfolges und des Sieges ineinanderfliessen. Jene, die sich um ihre Nachbarn, um andere Menschen gesorgt haben, die ihnen dienten, waren auch jene, die überlebt haben.

Die USA haben manche Depression durchgestanden weil wir, trotz aller unserer Fehler, der Weltgemeinschaft gegenüber grosse Dienste geleistet haben. Das ist etwas, was du in deinem Leben lernen musst. Wievielen Menschen hast du gedient?

Als ich das Buch »Sprichworte« las, hiess es bei einem weisen Mann: »Wirf dein Brot ins Wasser, Jahre später wirst du dieses Brot wiederfinden.« Er sprach über Karma. Wenn man sich untereinander dient und sich gegenseitig Gutes tut, konditioniert man seine Zukunft für den Erfolg; ist man aber selbstsüchtig, ist das der beste Weg, um in der Zukunft zu versagen.

Der fünfte Faktor ist das Entwickeln von Konzentration. Du solltest lernen deine mentalen Fähigkeiten auf Erfolg auszurichten. Das kannst du erreichen, indem du dein Konzentrationsvermögen schulst. Lerne die Dinge zu analysieren und, von allen Seiten, in ihrer Ganzheit zu betrachten. Nach diesem ersten Schritt musst du das Ganze in kleinere Einzelteile zerlegen, um sie jedes für sich zu durchleuchten und ihre Verbindungen und gegenseitigen Einflüsse zu begreifen. Diese umfassende Auseinandersetzung wird deinen Geist trainieren. Du wirst ein meisterhaftes Werkzeug zur Verfügung haben, das dir beim Bewältigen von Problemen helfen und auch deiner Umwelt dienlich sein wird.

Es ist von grosser Bedeutung, dass ein jeder von uns über Bewusstseinserweiterung nachdenkt. Denn dies tun wir, wenn wir unseren mentalen Mechanismus auf Konzentration ausrichten, ihn dazu bringen, jede einzelne Facette eines Problems zu betrachten, zu analysieren und die Verbindungen zwischen den Einzelteilen zu erkennen.

Üben wir uns darin, werden wir ein Vehikel besitzen, welches bereit ist, genutzt zu werden. Mit seiner Hilfe können wir uns frei bewegen und für andere hilfreich wirken, in diesem Leben und insbesondere im Nächsten.

Viele Menschen verlieren sich in ihren Begierden. Junge Frauen, junge Männer, alte Frauen, alte Männer – Sex, Sex, Sex, Trinken, ständiges Vergnügen. Okay, mach' es, doch du wirst Zeit verlieren und deine Ausrüstung wird nicht fertig sein. Wenn du dich in deinem nächsten Leben auf die »Reise« begeben wirst, wirst du viele verrückte Sachen anstellen, weil du dein Vehikel in diesem Leben nicht repariert hast. Beim nächsten Mal wird es wesentlich schwieriger für dich sein es zu nutzen, denn der Wettkampf wird noch härter werden. Sagen wir zum Beispiel, vor hundert Jahren hätte ich einen Stenotypisten gesucht. Unter Hunderttausenden hätte ich nur zwei oder drei davon gefunden. Damals gab es einfach noch keinen Wettkampf. Würde ich heutzutage eine Announce aufgeben, würden sich hunderte Menschen bewerben. Wen würdest du auswählen? Wie wäre die Konkurrenz untereinander? **Hast du deine Vehikel nicht auf Erfolg vorbereitet und ausgerichtet, so wirst du, je mehr die Zeit vergeht, immer weniger Erfolg haben.**

Konzentration bereitet dich auf den sechsten Faktor vor – Meditation.
Diszipliniere deinen Geist mit Hilfe der Konzentration und Meditation. Nutze ihn, um zu analysieren, Verbindungen zu erkennen oder zu schaffen, denn dein Geist ist der Empfänger von grossen Ideen, Visionen und Offenbarungen. Manchmal ist Logik in deinem Geschäft oder bei deiner Arbeit einfach nicht genug. Du brauchst das direkte Licht der Intuition, direkte Offenbarungen, klare Visionen.

All das brauchst du auch in deinem Familienleben, deinen Freundschaftsbeziehungen. Stell dir vor, es herrscht eine angespannte Situation in deinem Haus, alle sind irgendwie sauer aufeinander. Mutter aber hat eine kleine Vision und sagt: »Lasst uns ein Picknick machen.« Während dieses Picknicks kommen die Frustrationen zur Sprache, man schafft sie aus der Welt und jedem wird wieder leicht ums Herz.

Ist dein Geist genau auf dem Feld organisiert, auf dem du dienst, empfängst du grossartige Offenbarungen, Visionen, Lösungen für die Probleme an denen du arbeitest, neue Antworten auf deine Fragen und grössere Erleuchtung.

Die Arbeit an deinem Geist leistest du durch **Konzentration**. Die Menschen verbinden mit diesem Begriff oftmals die Vorstellung, man müsste dazu einen bestimmten Gegenstand hernehmen und sich darauf konzentrieren. Betrachten wir es einfach mal aus einem anderen Blickwinkel. Sehen wir uns an, was Konzentration ist. Der Abwasch nach einer langen Party. Bist du beim Teller spülen wirklich dabei oder denkst du an andere Sachen: andere verurteilen, jemanden hassen, daran denken wie spät es wieder geworden ist? Sind dein Herz, Geist, Körper, Augen, Hände darauf konzentriert, was du gerade tust? Sind sie es, so ist das ein grosser Erfolg. Wenn du jemanden massierst und bist nicht wirklich bei der Sache, so ist das nicht gut. Schüttelst du jemandem die Hand, und bist nicht wirklich da, so ist das nicht gut.

Eines Tages erzählte mir eine Dame: »Wenn mein Mann mich umarmt, ist er nicht wirklich dabei. Küsst er mich, ist er nicht wirklich bei mir. Er kommt nach Hause, doch er ist nicht wirklich da. Ich weiss nicht wo er ist.« Nun, in diesem Haus wird es kein erfolgreiches Zusammenleben geben, denn er ist **wirklich** nicht präsent.

Du schreibst etwas, doch du bist nicht dabei. Natürlich werden sich viele Fehler einschleichen und dein Chef wird sagen:»Ich habe die Nase voll von dir.« Du bekommst eine andere Position, doch wieder bist du nicht bei der Sache. Wo bist du? Wer weiss das? Bist du nicht bei der Sache, hast du keinerlei Konzentration. Im Gegenteil! Du wirst genau dahin kommen, wo du mit deinen Gedanken eigentlich bist. Dein Körper, deine Aufmerksamkeit, deine Konzentration, deine Beobachtung, dein Gesammelt-Sein werden alle an diesem Ort sein.

Hältst du eine Rede oder sprichst du mit jemandem, dann sei klar und sei präsent. Einzig auf diese Weise wird man dich und dein Anliegen wirklich verstehen und annehmen. Drückst du dich hochgestochen aus, sprichst du von Luftschlössern, verrennst du dich in phantastische Gedanken, wird dich keiner ernst nehmen, denn du bist nicht wirklich da, eigentlich bist du abwesend.

Einmal sah ich einen jungen Mann, der einer jungen Frau die Hände schüttelte. Er sagte:»Ich liebe dich.« Sie stiess ihn von sich und antwortete:»Was?« Er war nicht da, denn er liebte sie in Wahrheit nicht. Er wollte nur den Anschein dessen erwecken. Er war nicht präsent, deshalb war er nicht ehrlich, war er nicht würdig, er existierte nicht wirklich.

Geh doch mal in dein Büro, auf deine Arbeit und frag' die fünf Mädels, die da sitzen:»Hi, wo seid ihr gerade?« Sie sind am Strand; eine küsst ihren Freund; eine macht sich Sorgen um ihre Mutter. Sie sind nicht da. Ihr Chef wird das eines Tages honorieren, indem er sie von ihren Verpflichtungen entbindet.

Tust du einen Job, so musst du mit ihm verschmelzen, musst du in ihm aufgehen und zu einem Teil von ihm werden, sonst bringt das nichts. Diese Erfahrung habe ich selbst auch machen dürfen. Wann immer ich etwas tue und bin nicht voll und ganz dabei, immer dann trägt es keine Früchte. Wenn ich mit dem Job verschmelze, ist es unmöglich, dass ich nicht erfolgreich bin.

Du wirst zu deinem Job selbst werden – nicht nur ein Aufseher, nein – du wirst der Job selbst sein. Das habe ich gelernt, als ich in der Maschinenbauabteilung für Lokomotiven einer Bahnstation arbeitete. Ich hatte etwa 600 Arbeiter unter mir. Du solltest diese Menschen gesehen haben! Sie waren die meiste Zeit überhaupt nicht präsent. Viele Male habe ich ihre Arbeit übernommen. Erst dann, nachdem ich ihnen einen Anstoss gegeben hatte, fassten sie den Mut, es mir gleich zu tun. Du musst in allem was du tust präsent sein. Bist du nicht mit allen Sinnen bei deiner Aufgabe, entwickelst du mit der Zeit Geistesabwesenheit, Depression und verschiedene nervliche Störungen. Versuche bei allem was du machst immer ganz und gar dabei zu sein. Der sechste Faktor, der zum Erfolg beiträgt, ist Meditation.»Meditation bringt den Menschen in Verbindung mit der Quelle und schließlich verschmilzt der Mensch mit der »Quelle der Fülle« in ihm selbst. Meditation ist die Suche nach deinem innersten Kern, eine Suche danach, wer du in deiner Essenz wirklich bist.«[2]

---

[2] »The Spring of Prosperity« Seite 15. Für weitere Informationen zu Meditation siehe: »The Sience of Meditation«

Frage & Antwort

Frage: Würden Sie die von Ihnen früher gemachte Aussage über äussere Spaltungen und mentale Synthese etwas näher erläutern? Sagen wir, ich würde die von Ihnen dargestellten Prinzipien verstehen und in meinem Leben anwenden wollen. Mein Gegenüber aber würde mental nicht dafür empfänglich sein, wäre es trotzdem möglich, diese äusseren Spaltungen zu heilen?

Antwort: Es wird völlig unmöglich sein, dass die Menschen nicht auf dich reagieren werden, wenn ihr zusammen seid. Das ist eines der grossen Geheimnisse. Bist du wahrhaftig präsent, und meinst du wirklich was du sagst, meinst du wirklich was du tust, werden die Menschen mit hundert Prozent Sicherheit auf dich reagieren. Dein Gegenüber reflektiert dir nämlich deinen eigenen Bewusstseinszustand.

Zweifelst du an dir, werden die Menschen nicht auf dich eingehen. Bittest du jemanden um Hilfe und denkst im gleichen Zuge, dir würde diese Hilfe sowieso nicht zuteil, hast du schon verloren. Einzig dein Bewusstseinszustand wird andere Menschen mobilisieren. Erhälst du von anderen keine Hilfe, kooperiert man nicht mit dir, so bedeutet das, dass du eigentlich gar nicht da bist.

Frage: Welches sind die vier Richtungen von Erfolg?

Antwort: Die vier Richtungen sind: du selbst, andere, deine Umwelt und die Umwelt der anderen Menschen. Dies kann man auf vielerlei Weisen interpretieren. Konzentriere dich nicht einzig und allein darauf, was du bist. Ziehe auch deine Mitmenschen in Betracht, ihre Handlungsweisen und ihre Reaktionen. Das habe ich zum Beispiel beim Autofahren auf der Autobahn gelernt. Vor zehn Jahren dachte ich, wie toll ich doch Auto fahren kann. Dann wachte ich auf. Ich sagte zu mir: »Hey, du bist echt ein toller Fahrer, aber was ist, wenn hier einer betrunken fährt?« Also begann ich, die anderen Fahrer zu beobachten, abzuschätzen, wie wohl das Fahrverhalten der anderen in der nächsten Minute sein würde. Ich beobachtete meine eigene Fahrweise und beobachtete den Verkehr im Allgemeinen. Ich beobachtete die Autobahn und die Aktionen der einzelnen Fahrer. So ist es kein schmalspuriges Denken.

Du wirst ein inklusives Verständnis für deine Situation entwickeln, davon, was mit dir geschieht.

Nimm einmal an, du würdest zu einer Zeit ein Stück Land erwerben, wo die politische Situation spannungsgeladen wäre oder die Finanzlage wäre schlecht, oder es gäbe einfach Frustration und unterschiedliche Pläne. Natürlich wirst du dir zuerst die Gesamtsituation anschauen und deine Pläne darauf abstimmen. Du musst deine Vision ausdehnen, offen sein für alle Eventualitäten. Finde den richtigen Zeitpunkt und den richtigen Ort, um etwas zu beginnen oder fortzuführen.

Frage: Wie können wir unsere Angst überwinden?

Antwort: Wir überwinden die Angst indem wir uns ihr stellen. Habe ich zum Beispiel Angst vor irgendetwas, schliesse ich die Augen und visualisiere die schlimmste Möglichkeit, die eintreten könnte. Ich versuche, auf mentaler Ebene, in der mentalen Welt eine Lösung zu finden. Alsbald öffne ich meine Augen und habe keine Angst, denn ich bin mir nun selbst der furchtbarsten Situation gewahr. Du musst die »Quelle der Angst« stoppen.

Frage: Wie kann ich mit der Angst umgehen, wenn es die Angst vor dem Tod ist?

Antwort: Du kannst die Angst vor dem Tod besiegen, indem du Erfahrungen über die Unsterblichkeit sammelst oder über die Kontinuität von Bewußtsein. Solange du dich damit nicht auseinandersetzt und keine Erfahrungen damit machst, wird diese Angst immer in deinem Herzen wohnen.

Kapitel 5.

Ein anderer Weg besteht darin, voller Aufrichtigkeit und Hingabe den anderen zu dienen. Dadurch verringerst du die Angst vor dem Tod. Jene, die wahrhaft dienen, entwickeln sich allmählich mehr hin zur Seele. Wächst die Seele in einem Menschen, wird die Angst vor dem Tod mental zurückgewiesen.

Frage: Ich habe oft die Angst, meine Kinder oder meine Mutter zu verlieren. Wie kann ich damit umgehen?

Antwort: Stelle dir vor und visualisiere, wie du deine Mutter verlierst. Lass sie in den Himmel kommen. Dort bekommt sie ein neues Kleid und kehrt zurück. Wovor hast du Angst? Deine Mutter sollte ebenfalls nicht ängstlich sein. Diese Angst resultiert aus der Annahme, dass der kranke Körper wichtig ist. Natürlich sollte man alles daran setzten, seinen Körper zu heilen. Ist es jedoch nicht mehr möglich, darf man nicht der Angst verfallen. Denke daran, dass sie ein wunderbares, schönes Baby sein wird, denn sie hat ein wundervolles Herz und hatte ein gutes, schönes Leben. Diese Art Logik und Visualisation werden dir helfen, die Angst zu überwinden.

Ein Freund schrieb einmal:»Ich habe meinen Vater verloren, ich will nicht mehr leben, ich will mich umbringen.«»Du Dummkopf,« sagte ich,»an einem einzigen Tag töteten die Türken in meiner Familie 87 Doktoren, Anwälte, wunderbare Menschen. Das ist das Leben. Sieh dir nur an, was in der Welt passiert! Im Mittleren Osten, im Fernen Osten, in Afrika. Hier und da, überall schlachten sie sich gegenseitig ab. Weshalb weinst du dir die Augen nach einem Menschen aus, der friedlich verstorben ist? Lass ihn gehen. So ist das Karma eines jeden Menschen. Steh darüber.«

Auch durch ein düsteres, trauriges Heim wird Angst in dein Bewusstsein gepumpt.

Frage: Bezüglich diesen Themas ist es für eine Mutter besonders schwierig sich von ihrem Kind zu trennen.

Antwort: Genau aus diesem Grund versagt die Mutter. Sie versagt, weil sie sich mit dem Kind identifiziert. Das Kind selbst hasst das. Erlaube dem Kind, seine oder ihre Lektion zu lernen. Sollte es sterben, so lass es gehen. Tu alles, was in deinen Kräften steht, doch Karma ist unumgänglich. Lass es zu. Es ist die Anhaftung, die wie ein Fluch auf uns lastet.

Ich liebe meine fünf Kinder von ganzem Herzen, aber die Zeit kam heran, wo ich sie gehen liess. Sie haben sich alle hervorragend entwickelt. Binde dich nicht zu sehr an deine Kinder. Frage sie, und sie werden dir antworten:»Die schlimmste Zeit, die ich mit dir hatte, war als du mich besessen hast, über mich bestimmt hast. Als du an mir geklebt hast.« Erlaube ihnen, das Leben zu spüren. Lass sie gehen, und lass sie fliegen. Gib' dein Bestes sie zu erziehen, doch dann lass sie gehen.

Frage: Was, wenn du in deinem Leben und bei deinen Angelegenheiten nicht voll bei der Sache, mit den Gedanken abwesend bist. Es verursacht Geistesabwesenheit und Depression. Doch was passiert hier eigentlich?

Antwort: Geistesabwesenheit und Depression entstehen, wenn das Wahre Ich nicht präsent ist. Wenn es gar nicht da ist in deinem Geist, in deinen Gedanken, in deinen Emotionen und Handlungen. Überlässt du das Feld den mentalen, emotionalen und physischen Maschinen, ohne die Energie deines Wahren Ich's hineinzugeben, werden sie sich schnell abnutzen. Öffnest du nicht den Wasserhahn, wird das Wasser die Felder deiner Arbeit nicht bewässern. Seien es Sorgen, Probleme, jemand der dich beunruhigt, eine Liebe, Hass der dir begegnet, oder Verleumdung … Was auch immer es ist, du wirst es auflösen müssen bevor du dich ganz auf deinen Job konzentrieren kannst. Versuche es immer und immer wieder.

Zum Beispiel gab ich einst einer Frau ein Päckchen Streichhölzer.

Ich sagte zu ihr:»Wirf alle Streichhölzer auf den Boden. Ordne sie nun der Reihenfolge nach an. Streichholzkopf links, Streichholzkopf rechts, links, rechts und immer so weiter. **Tue das solange bis du an nichts anderes mehr denkst, als an deine Streichhölzer.**« Nach sieben Monaten schaffte sie nicht einmal ein Päckchen. Doch jetzt bewältigt sie diese Aufgabe innerhalb einer Stunde vollkommen konzentriert. Ihr Bekleidungsgeschäft läuft besser denn je, denn sie bedient ihre Kunden nun mit ganzer Aufmerksamkeit. Berät sie den Kunden und empfiehlt sie ihm ein Kleidungsstück, wird er es mit Bestimmtheit kaufen, denn er fühlt, dass ihm hier ein Mensch begegnet, dessen Worte ernst gemeint sind. Jemand **gibt** ihm **wirklich die Ware.** Wäre sie als Verkäuferin **nicht präsent**, würde sie nicht meinen, was sie sagt, der Kunde würde nichts kaufen. Denn keiner würde ihm die Kleidung wirklich geben.

Wann immer wir in unserer Handlung präsent sind, unsere Gefühle wirklich fühlen und konzentriert sind auf unsere Gedanken, wird dies zu einer kraftvollen Energiequelle. Diese Energie wirkt auf die Menschen und überträgt sich auf sie.

Frage: Welche Rolle spielt Effizienz dabei, erfolgreich zu werden?

Antwort: Unsere gesamte Intention ist es, dich zu einer effizienten Person zu machen. Effizienz ist eine grosse Hilfe beim Erlangen von Erfolg. Effizienz ist ein Bewusstseinszustand, der die Vehikel einer Persönlichkeit dazu anregt, kreativer zu sein. Bei allen Handlungen, in den Emotionen und den Denkprozessen. Effizienz bringt eine Erhöhung der Lebensqualität mit sich.

Regeln des Erfolges

Für das Erreichen von Erfolg gibt es viele Regeln. Hier einige, die praktisch gut anzuwenden sind.

1. Versuche, deine Probleme auf eine Weise zu lösen, die das Wohlergehen anderer mit einschliesst.

2. Tue die Dinge, die erledigt werden müssen gleich, und warte nicht auf Morgen. Das ist ein wichtiger Ratschlag. Viele erfolgreiche Leute berichteten uns stolz davon, dass sie diese Regel immer beachten und ihren Erfolg darauf aufgebaut haben.

3. Gib jedem Gegenstand seinen eigenen, speziellen Platz. Stelle die Gegenstände immer an ihren richtigen Platz zurück.

Viele erfolgreiche Leute praktizieren das. Sie schonen ihren Geist, sparen Energie, Geld und Zeit – all das sind wichtige Faktoren für umfassenden Erfolg.

Dein mentaler Mechanismus wird so weniger Druck ausgesetzt sein, wenn du diese Regeln praktizierst. Gibst du den Dingen im Geiste einen angemessenen Platz, begegnen dir weniger Probleme. Gibt es Dinge, die heute noch erledigt werden können, so tue sie, und du sparst mentale Energie und vermeidest unnötigen Druck.

4. Verbrauche Energie, Zeit, Geld und Raum nicht auf einmal – spare dir immer etwas davon auf.

Vollkommene Erschöpfung auch nur eines Lebenselementes zieht Missgeschicke nach sich. Keiner kann auf Dauer erfolgreich sein, wenn er sein Geld verschleudert, seine Zeit ausschliesslich dem Vergnügen widmet oder sich selbst aufgibt. Niemand wird auf Dauer erfolgreich sein, wenn er Tag und Nacht schuftet nur um reich zu sein.

Kapitel 6.

Jeden Morgen solltest du deinen Job frisch und voller Energie beginnen, mit Enthusiasmus. Beginnst du deinen Job müde und abgespannt, wird das kein Chef mögen. Erfolgreiche Menschen sind voller Energie, und sie brauchen in ihrer Umgebung ebenfalls Menschen, die diese Energie haben. Das, was ein Unternehmen bewegt, ist Energie.

5. Mache dich mit den Traditionen, der Religion, den Gebräuchen und Glaubensinhalten der Menschen bekannt, mit denen du zusammenarbeiten willst. Dadurch wirst du mit ihrer Mentalität vertraut. Das ist sehr wichtig für gegenseitiges Verständnis und Kooperation.

Vergiss nicht, dass du **niemals** ihre Glaubensinhalte oder Traditionen kritisieren solltest. Deine einzige Aufgabe besteht darin an deinem Arbeitsplatz der beste Mitarbeiter zu sein. Anderer Menschen Lebensart klein zu machen, führt zu Feindseligkeit und Misstrauen dir gegenüber. So kannst du leicht deine Position verlieren.

Klar, heisst das nicht, dass du von deiner eigenen Kultur und Glauben Abstand nehmen sollst. Respektiere Tradition und Glauben deines Gegenüber. **Der beste Weg die Menschen dazu zu bringen deine Werte zu respektieren ist, das Gleiche mit ihnen zu tun.** Du kannst mit Menschen zusammenarbeiten, die einen anderen Glauben, eine andere Meinung haben, nur wenn du ihre Religion und ihren Glauben verstehst, und eine offene Geisteshaltung einnimmst. Erfolgreiche Menschen zwingen niemanden sich ihnen anzupassen, und sie erwarten das ebenso von ihren Mitarbeitern.

Findet ein religiös-fanatischer Mensch einen Job, beginnt er sofort, seinen Chef und seine Kollegen von seinen Glaubensinhalten überzeugen zu wollen. Einige erfolgreiche Leute sind niemals Sklaven irgendeiner Religion, aber sie haben hohe moralische und spirituelle Massstäbe. Sie arbeiten, um den Menschen zu dienen. Lass dich nicht zu sehr davon beeinflussen, was Menschen predigen. Sieh dir an, wie sie leben. Die physischen, psychologischen und spirituellen Verhältnisse des Platzes an dem du arbeiten wirst, zu kennen, wird dir bei deinem Erfolg eine grosse Hilfe sein.

6. Achte auf deine Gesundheit. Du kannst erfolgreich sein und dich daran erfreuen, wenn du Wert auf die Gesundheit legst. Verdauung, Aufnahme von Nährstoffen, Augen, Ohren, Zähne. All das ist wirklich wichtig, um erfolgreich zu sein. Diese Regel ist eine Basisregel, doch viele Menschen ignorieren sie.

7. Lerne gut zu schlafen. Menschen, die nicht gut schlafen können, werden versagen oder Niederlagen hinnehmen müssen. Finde heraus, welcher Rhythmus der Beste für dich ist, um einen tiefen Schlaf zu haben. Schlafe ausreichend. Siehst du dir zum Beispiel bis morgens um drei Uhr einen blöden Film an, dann bist du dumm. Kommst du nach einer Party spät nach Hause, und machst dir noch ein opulentes Essen, wird dir das nicht gut tun. Finde heraus, welches die Dinge sind, die dich nicht schlafen lassen, und tue genau die nötigen Dinge, die dich gut schlafen lassen. Bevor du zu Bett gehst, tut es dir vielleicht gut eine Dusche zu nehmen, deinen Körper zu reinigen und zu erfrischen. Geh dann ins Bett ohne noch zu essen oder zu trinken. Dein Bett sollte an einem Platz stehen, der schön ist, wo du Ruhe und Entspannung finden kannst.[1]

8. Betätige dich sportlich. Jeder Mensch sollte Sport treiben. Bist du kein Sportass, dann spaziere täglich ein oder zwei Meilen. Du kannst auch Seil springen, schwimmen oder auf Berge steigen, Volleyball oder Basketball spielen. Auf deinem Tagesplan sollte täglich eine Stunde Sport stehen. Es begünstigt ein erfolgreiches Leben, wenn du Sport machst. Du kannst mir sagen, du brauchst keinen Sport, doch trainierst du deinen Körper nicht, wirst du deine Nachlässigkeit mit

---

[1] Für Informationen zum Thema Schlaf siehe »Other Worlds« und »New Dimensions in Healing«

genau dem Geld bezahlen, das du hart erarbeitet hast. Trainiere deinen Körper! Ganz gleich ob du dick bist oder nicht, das spielt keine Rolle. Beginne einfach damit Sport zu treiben.

9. Menschen, die richtig atmen sind erfolgreicher. Ich las in einer Zeitung, dass man vor vierzig Jahren damit begonnen hatte, den Lebensrhythmus erfolgreicher Menschen zu untersuchen. Dabei fand man einen interessanten Aspekt. **Erfolgreiche Menschen atmen tiefer.**[2] Wenig erfolgreiche Menschen atmen flach und unregelmässig. Erfolgreiche Menschen atmen ausgeglichen, sie füllen ihre Lungen ganz mit Sauerstoff und Wasserstoff und atmen ebenmässig aus. Es reguliert das gesamte System, reinigt das Gehirn. Sie sind erfolgreich, weil sie in ihrem Leben erfolgreiche Zustände kreieren. Das ist leicht gesagt, wenn nicht einmal unsere Grossmütter und Kinder wissen, dass richtiges Atmen so wichtig ist.

Wie solltest du es nun tun? Beginne tiefes Atmen zu üben. Wenn du irgendwo einen längeren Weg machst, fange damit an, beim Laufen auszuatmen. Dann fülle deine Lungen, und zähle dabei bis acht. Atme aus, und zähle währenddessen bis acht. Halte die Luft an, und zähle wieder bis acht. Atme weiter in diesem Rhythmus. Deiner Lunge wird das gut tun, und dein Gesicht wird strahlen.

Glaub es mir oder nicht, ein wesentlicher Faktor für das Entstehen von Krebs ist eine schlechte Atmung. Atmest du auf die richtige Weise, wirkt das dem Krebs entgegen. Sauerstoff und Wasserstoff vernichten die Keime und Mikroben. Frauen, die Schwierigkeiten mit ihren Brüsten haben, sollten wissen, dass sie nicht richtig atmen. Atme richtig! Übe dich täglich 15 Minuten darin, denn Erfolg ist Gesundheit. Hast du weder Gesundheit noch Erfolg, was hast du dann überhaupt?

---

[2] Siehe auch »New Dimensions in Healing« für Information zu richtigem Atmen.

10. Der nächst Punkt ist gute Nahrung. Du entscheidest selbst über deine Nahrung. Es gibt viele lesenswerte Bücher über Ernährung, die man sich ansehen sollte. Lies die Bücher, lass dich beraten, tausch dich aus, und entscheide dich für deine Art der Ernährung.

11. Neben der richtigen Nahrung sind auch die Zähne sehr wichtig. Einige sehen das nicht so. Viele Krankheiten aber gehen von faulen Zähnen aus. Es kann sein, dass man dir keinen Job gibt, kommst du an mit faulen, ungeputzten Zähnen. Hast du schöne Zähne, werden die Leute wollen, dass du für sie arbeitest. Sei nicht nachlässig mit deinen Zähnen, sie sind wirklich wichtig. Sie sind wichtig für deinen Erfolg. Dein Gesicht, deine gesamte Ausstrahlung wird davon beeinflusst. Putze sie zweimal täglich, morgens und abends und lasse ihnen jede mögliche Pflege zukommen.

12. Das Haar ist sehr wichtig, besonders für Frauen, aber auch für Männer. Hast du eine schöne Frisur, wirkt das anziehend. Wohin du auch gehst, dein Freund, deine Freundin, Mann oder Frau werden auf dein Haar achten. Pflege es, und bemühe dich gesundes Haar zu haben. Es wird zu deinem Erfolg beitragen.

13. Eine andere Tür zum Erfolg ist Sauberkeit. Einst erzählte mir ein Mädchen, einer ihrer Kollegen würde so furchtbar schlecht riechen, dass sie nicht mehr mit ihm zusammen arbeiten wolle. Etwas in seinem Körper war unrein und roch. Sauberkeit ist absolut essentiell. Wenn du jemanden umarmst oder selbst umarmt wirst, kannst du riechen, ob der andere sauber ist oder nicht. Reinige dich. Ich will nicht sagen, man solle Unmengen an Parfum verwenden. Einfach sauber sein reicht aus. Ist es erforderlich mehrmals zu duschen, dann tu das. Manchmal sieht man in den Ohren Ohrenschmalz. Wie kann man solch einem Menschen eine verantwortungsvolle Aufgabe anvertrauen? Achte auf einen sauberen Körper, aber übertreibe es auch nicht mit der Pflege.

14. Reiner Atem. Manchmal kommen Leute zu mir, die ich bitten muss, drei Fuss Abstand von mir zu halten. Auf die Frage nach dem Warum antworte ich, ich wäre weitsichtig, und könne sie auf diese Weise besser sehen. An einem Tag besuchte mich eine Frau. Ihr Mundgeruch schlug mir direkt entgegen. Ich sagte:»Könntest du bitte etwas von mir abrücken?« Ihr Mundgeruch war furchtbar!»Was ist mit dir?« fragte sie.»Ich bin weitsichtig. Auf diese Weise kann ich dich besser sehen.« Es beeinflusst die Beziehung zu deinem Gegenüber. Beim Küssen zum Beispiel, wird das besonders deutlich, wenn du deinen Freund, deine Freundin, deinen Mann oder deine Frau küsst, und da ist ein deutlicher Geruch. Es ist sehr wichtig einen reinen Atem zu haben. Schlechter Atem entsteht aufgrund der Gärung in deinem Magen. Also muss man darauf Acht geben, was man zu sich nimmt. Doch auch deine Emotionen und dein mentaler Zustand wirken auf den Atem ein. Bemühe dich, all diese Faktoren in deine Körperpflege mit einzubeziehen. Aus deinem Mund sollte es gut riechen.

15. Achte auf einen harmonischen Gang. Als ich einmal in einer Firma war, wo gerade Leute eingestellt wurden, fragte man mich, wie ich die Frauen einschätzen würde. Ich antwortete:»Schaut euch einfach ihren Gang an.« Zwei, drei Jahre später liessen sie mich wissen, dass sie nun den Sinn meiner Worte verstanden hätten.

Welche Frau würdest du einstellen? Eine, die einen Gang hat wie ein Elefant oder eine, die läuft wie ein Fuchs? Sei achtsam, und du wirst verstehen, warum sie den Gang haben, den sie haben und dahinter kommen, was es über den Charakter der Person aussagt.

Lerne das Laufen neu. Übe täglich ein paar Minuten vor dem Spiegel. Bewege dich harmonisch, rhythmisch, schön und tu es einfach so, wie du es für das Beste ansiehst. Schau dir an, wie andere Menschen laufen. Überlege dir dabei, welchen von ihnen du einstellen würdest oder wer dein guter Freund sein könnte. Es kommt überhaupt nicht darauf an, ob du von schlanker Statur bist oder nicht. Es geht um das Tempo deines Ganges, die Art, wie du dich bewegst. Dein Gang bringt deine Psychologie zum Vorschein.

16. Gute Umgangsformen und Verantwortungsbewusstsein sind sehr wichtig. Als ich in der British Royal Airforce war, führte ich gemeinsam mit einem Offizier Einstellungsgespräche durch. Es bewarben sich drei junge Frauen für den Posten einer Sekretärin. Der Offizier legte eine Stecknadel auf den Boden, genau dort, wo die Frauen entlang laufen mussten. Die erste sah die Nadel, lief jedoch an ihr vorbei. Die zweite bemerkte die Nadel nicht einmal. Einzig die Dritte sah die Nadel, hob sie auf und legte sie auf den Tisch. Wir stellten diese junge Frau ein, denn sie war umsichtig und verantwortungsbewusst. Sie wurde eine ausgezeichnete Sekretärin.

Achte auf das Benehmen der Leute. Wie sie reden, worüber sie sprechen, wie sie laufen, wie sie sitzen. Es kann vorkommen, dass eine junge Frau wegen eines Jobs in dein Büro kommt und gleich danach fragt, ob du verheiratet bist. Das ist kein guter Anfang für ein Bewerbungsgespräch. Oder sie beginnt über ihre Vergangenheit zu sprechen. »Ich hatte fünf Ehemänner. Wir waren sehr reich. Ich kann wirklich gut tippen. Was denken Sie über fünf Ehemänner?«

Benehmen sollte nobel sein. Achte auf den Ausdruck deines Gesichtes, den Klang deiner Stimme, die Bewegung deiner Hände, deinen Gang, deine Kleidung, deine Frisur, dein Lachen. All diese Dinge wirken sich auf deinen Erfolg aus.

17. Zeige in allen Lebenslagen Entschlossenheit. Demonstriere den anderen diese Entschlossenheit in deinem Denken, deinen Plänen, deinen Entscheidungen, deinen Zielen. Ich frage dich zum Beispiel danach, wie viele Worte du in einer Minute tippen kannst. »Ich denke, etwa sechzig bis zweihundert.« In dieser Antwort liegt keine Entschlossenheit. »Ich tippe einhundertzehn Worte in der Minute.« – Entschlossenheit! »Kannst du genau um acht Uhr in mein Büro kommen?«, »Oh, ich weiss nicht, ob ich es kann, aber ich werde es versuchen.« Das ist nicht gut. Antworte hingegen: »Ich werde da sein.« »Kannst du diesen Job für mich erledigen?«, »Ja, das schaffe ich in einer halben Stunde.« Sei bei deiner Antwort immer entschlossen, kurz und korrekt. Das ist wichtig in allen Lebenslagen. Beim Job ebenso wie in einer Beziehung, beim Kochen, beim Saubermachen, einfach immer. Zeigst du Entschlossenheit, wirst du sehr geschätzt werden.

18. Das nächste Thema ist Kleidung. Zieh dich immer gut an, simpel und passend zu Moment und Atmosphäre. Schlechte Wahl bei Kleidung kann bei deinem Gegenüber Ablehnung und Spannung bewirken. Der Stil deiner Sachen sollte zu deiner Tätigkeit passen. Extravaganz oder saloppe Kleidung können deinen Job aufs Spiel setzen. Um von anderen akzeptiert zu werden, sollte man sich schlicht kleiden.

Bedenke den Anlass bei der Auswahl deiner Kleidung. Achte dabei auf die passende Farbe. Farben sind sehr wichtig, insbesondere bei einem Einstellungsgespräch. Du kannst noch so klug und qualifiziert für den Job sein, wählst du die falsche Kleidung wird man dich nicht akzeptieren. Die Form und die Farben haben einen grossen Effekt auf deinen zukünftigen Arbeitgeber. Dieses sind äussere Hilfsmittel für deinen Erfolg, doch reflektieren sie deine innere Reife und Sensitivität.

Einmal als ich auf einem Parkplatz war, sah ich ein Mädchen, das so enge Kleidung trug, dass du ganz genau ihren Körper sehen konntest. Wenn du dich für einen Job bewirbst, oder auch wenn dein

Freund diese Art Kleidung nicht mag, mußt du dich passend für den Anlaß kleiden. Finde heraus welche Kleidung in deinem Umfeld eine angenehme Atmosphäre kreiert. Dein Stil sollte ökonomisch sein und nicht allzu ausgefallen. Frisierst du dein Haar, lass es nicht zur Frisur eines Filmstars werden; für andere Menschen könnte es einfach zuviel sein, sie könnten es nicht aufnehmen. Sei schlicht in Kleidung und Make-up; es könnte gut sein, dass ein Chef gegenüber jenen argwöhnisch wird, denen die Diamanten an Ohren und Nasen hängen. Das ist zuviel! Sei schlicht in deinem Auftreten.

19. Entwickle emotionale Stabilität. Viele Menschen demonstrieren Gefühle, die gegen den eigenen Erfolg arbeiten. Bist du aufgebracht, kommandierst du herum, bist du wütend und eifersüchtig, werden dich die anderen ablehnen.

Emotionen sind sehr wichtig beim Erfolgreich sein. Achte auf diese Dinge, und du wirst erfolgreich sein.

20. Lebe nicht in Angst. Lebst du ständig in Angst wird sich niemand dazu entschliessen mit dir zusammen leben zu wollen. Keiner wird gerne dein Freund sein oder dir einen Job anbieten. Ein angsterfüllter Mensch macht sein Umfeld verrückt. Hat man solch einen Menschen als Mitarbeiter oder Partner ist die Zusammenarbeit nicht leicht. Trägst du ständig deine Angst nach aussen wird man dich ablehnen, und du wirst immer versagen.

Angst verhindert die Hilfe, die dir von höheren Sphären zukommt. Die »Erhabenen« können dir keine Inspiration oder Direktion senden, denn deine Angst umgibt dich wie eine massive Wolke.

Der einzige Weg deine Angst zu zerstören ist deinen inneren und äusseren Feinden bewusst entgegenzutreten.

Kapitel 6.

Frage & Antwort

Frage: Was, wenn man entschlossen, aber nicht im Recht ist?
Antwort: Entschlossenheit ist eng mit einer richtigen Einstellung verbunden. Bist du nicht im Recht, bist du auch nicht stabil, bist du nicht entschlossen. Entschlossenheit basiert auf Korrektheit, Sachlichkeit, Realität, Wahrheit und Einfachheit. Solltest du entschlossen erscheinen, aber nicht im Recht sein, sendest du unterschwellig ein Signal aus, dass du in deinem Bewusstsein instabil bist. Dadurch erfährst du Ablehnung.

Frage: Welche Auswirkung hat das Befolgen Ihrer Vorschläge für den Kontakt zu den höheren Sphären? Wie helfen sie dabei, letztendlich zum Erfolg zu gelangen?
Antwort: Schöne Kleidung, gepflegte Zähne, gute Gesundheit, angenehmer Atem, gute Verdauung, harmonischer Gang, gutes Benehmen – all das sagt über dich aus, dass du ein Mensch bist, der in sich ruht. Wärest du nicht solch eine Person, würde man dir keinen verantwortungsvollen Job anvertrauen. Darum geht es an dieser Stelle. All diese Dinge mögen dir wenig bedeutungsvoll erscheinen, doch sie sind **Zeichen deines Charakters**. Ist dein Charakter nicht dementsprechend, kannst du keine Stelle bekommen bei der du viel Verantwortung brauchst, oder die hoch dotiert ist.

Stell dir vor, du kommst in mein Büro, und sagst zu mir: »Ich war gerade eine Viertelstunde mit dem Auto unterwegs. Ich bin erschöpft, ich bin müde. Es war furchtbar. Das Wetter war so heiss!« Was werde ich über dich denken? Ich werde denken: »Dieses Mädchen ist schwach. Gebe ich ihr eine wichtige Aufgabe, harte Arbeit, wird sie sich bestimmt sofort bei mir beschweren. Ich werde mit ihrer Arbeit sicherlich nicht zufrieden sein.« Die Worte, die du sprichst, sagen alles über dich aus. Sie legen fest, ob du mit einer wichtigen Aufgabe be-

traut werden kannst. Sage statt dessen: »Ich war heute zwar stundenlang unterwegs, doch ich fühle mich voller Energie. Was kann ich für
dich tun?« Das Mädchen, das auf diese Weise zu mir spricht, werde
ich einstellen. Würde ich eine Bewerberin fragen: »Was kann ich Ihnen
anbieten?« und sie würde antworten: »Oh, ich bin etwas müde, ich
nehme einen Kaffee.«, hätte ich den Eindruck gewonnen, sie wäre in
allem von mir abhängig. Sie würde sich immer mit Müdigkeit entschul-
digen. Hättest du nicht lieber einen Mitarbeiter, der voller Energie und
Engagement seine Aufgaben erfüllt?

Einst sass ich in einem Restaurant. Am Tisch neben mir sass ein
Pärchen. Beide machten einen sympathischen Eindruck. Das Mädchen
sagte zu ihrem Begleiter: »Ich bin völlig erschöpft! Du weisst doch ich
hasse es Auto zu fahren, und du bist stundenlang herumgekurvt!« Der
junge Mann entgegnete: »Naja, dann bestell dir doch jetzt einfach
dies oder das.« Als das Essen da war, begann sie, alles in sich hineinzu-
schlingen, wie ein Schwein. Er fragte sie: »Bist Du immer so?« worauf
sie zu ihm sagte: »Nein, ich bin sogar noch schlimmer.« Ich fühlte
deutlich, wie der junge Mann in diesem Augenblick die Entscheidung
fällte, nicht mehr mit ihr auszugehen. Wenn eine Person nicht nobel
ist, wenn sie an jemandem hängt, wenn sie erwartet, dass ihr jeder zu
Diensten ist und alles Mögliche sie ermüdet, oder ihr nichts recht ist,
wenn sie voller Ignoranz für ihr Gegenüber ist, welcher Mensch wird
sich dann diesen Partner aufbürden? Leider denken viele von uns über
diesen Punkt nicht genügend nach.

Du solltest zeigen, nicht künstlich, sondern wirklich, dass du
du selbst bist, und dass du erfolgreich sein wirst. Ein Mann kam zu
mir und sagte: »Ich werde ein grosses Geschäft eröffnen. Ich denke,
ich habe alles zur Zufriedenheit vorbereitet. Alles ist sauber, ordentlich
und schön. Doch tief im Innersten meines Herzens habe ich das
Gefühl, dass ich nicht erfolgreich sein werde.« Ich sagte ihm: »Du
Dummkopf, warum willst du dann überhaupt erst anfangen?

Kapitel 6.

Die Struktur deines Bewusstseins ist an dieser Stelle fehlerhaft, nicht pro-Erfolg, nicht siegesbewusst, sie arbeitet automatisch gegen deinen Erfolg, direkt ins Versagen.« Drückst du diese Negativität in dir nach aussen hin aus, wirst du im Leben nicht erfolgreich sein. Dein Aussehen, deine Kleidung, deine Frisur reflektieren, wie du im Innersten bist. Dein äusseres Erscheinungsbild verändert auch deine Denkweise. Kleide dich in schöne Kleider, und du wirst erleben, dass du dich viel selbstbewusster fühlst. Kleide dich nachlässig, und du wirst dich unsicher fühlen. Deine innere und äussere Schönheit sollten miteinander korrespondieren und einander reflektieren.

Frage: Zwei Leute kommen für ein Vorstellungsgespräch zu Ihnen. Die eine hätte schönes Haar, strahlende Zähne, würde elegant gekleidet sein und würde sich auf vollkommene Weise präsentieren, doch den Job nicht wirklich brauchen. Die andere wäre nicht so vollkommen, wäre aber loyal, könnte hart arbeiten und hätte dazu noch Kinder zu versorgen, welche von den beiden würden Sie einstellen?

Antwort: Das kann ich leicht beantworten. Die eine gibt an, die andere ist ehrlicher. Es kommt nicht auf die Kleidung an, sie macht nicht den Unterschied aus. Es kommt auf die »passende Kleidung« an, auf die Art und Weise, wie man sich kleidet. Man muss sich nicht in ein 200 Dollar teures Kleid werfen. Man kann Stoff kaufen und sich schön bekleiden, und gerade das ist wesentlich attraktiver. Ein erfahrener Chef wird schnell feststellen, was nur Kosmetik und ein »Pflaster« ist, oder wer die anstehenden Aufgaben am besten bewältigen wird.

Es gibt viele Tests, die einen Menschen und seine Fähigkeiten analysieren wollen, doch das Wichtigste ist immer, dass man seinen Willen erfolgreich zu sein nach aussen hin ausdrückt, zeigt, dass man bereit ist. Ist dieser Geist in dir vorhanden, wird es keine grosse Rolle spielen, wenn dein Haar nicht gut liegt, denn deine Einstellung wird das wieder ausgleichen. **Besser ist es, drückt dein Äusseres eine innere Reife aus.**

Einst las ich ein Buch über Erfolg. Der Autor beschrieb darin alle möglichen Tricks mit deren Hilfe man einen Job bekommen könnte. Zum Beispiel, wie man den Chef betrügen kann, wie man psychologische Techniken benutzt, und wie man sogar den Chef selbst absetzen kann, um dann dessen Platz einzunehmen. Solche Techniken sind sehr wirkungsvoll. Wendest du sie an, wirst du die Früchte deiner Arbeit niemals geniessen können. Statt dessen wirst du zu einem bemitleidenswerten Menschen werden, der gegen seinen zukünftigen Erfolg arbeiten wird.

Wut, Hass, Neid, Egoismus, Selbstbezogenheit, Rache und Bosheit- all diese Dinge zerstören deinen Erfolg. Sogar wenn du erfolgreich bist, wenn du viel Geld verdienst und ein gutgehendes Unternehmen hast, sind diese Emotionen ein Teil von dir, wirst du irgendwann alles verlieren.

Ein Gentleman erzählte mir von drei Leuten, die ein Geschäft besassen und die alle drei recht clever waren. Unter ihnen arbeiteten 40 Mitarbeiter, von denen gibt es heute nur noch vier, denn sie wurden ständig kritisiert und klein gemacht. Die drei hassten ihre Arbeiter und waren neidisch auf sie. Sie nahmen sich selbst zu wichtig. Sie versuchten Auszubeuten und zu Manipulieren. Sie verloren ihre Mitarbeiter, weil diese Emotionen in ihrem Innersten verankert waren.

Wenn du erfolgreich sein willst, musst du an allem, was dein physisches, mentales und emotionales Leben betrifft, arbeiten. So wirst du zu einem Magneten werden. Der Erfolg wird sich einstellen, und du wirst die Freude darüber mit anderen teilen können.

Versuche nicht Kollegen mit Spielchen für dich zu gewinnen, die sexuelle Verheissung versprechen. Insbesondere nicht deinen Chef. Du wirst damit einen Menge Probleme erschaffen und möglicherweise dem Betrieb erheblich schaden. Geh zur Arbeit, und bring deine Tüchtigkeit ein, nicht deine Sinnlichkeit oder deinen übertrieben präsentierten Schmuck. Lenke die Aufmerksamkeit durch deine Fähigkeiten und Talente auf dich, die letztendlich für sich sprechen.

Kapitel 6.

Zwei junge Männer gingen zu einer Ranch, um nach Arbeit zu suchen. Der Boss fragte sie:»Wisst ihr mit Pferden umzugehen?«Derjenige, der sich auskannte, sagte:»Ich bin nicht schlecht, denke ich.« Derjenige, der wenig Ahnung hatte, antwortete:»Oh ja, ich bin ein echter Profi.« Der Boss wandte sich jenem zu, und forderte ihn auf, ihm zu zeigen, wie gut er reiten konnte. Kaum hatte er das Pferd bestiegen, warf es ihn auch schon ab.»Ich werde den anderen nehmen.« Er ritt wunderbar.

Prahlerei funktioniert nicht. Menschen fühlen sich angesprochen durch Tüchtigkeit, Aufrichtigkeit und Engagement. Das ist, was dich erfolgreich macht.

Das Ausbilden von Qualitäten, die Erfolg unterstützen

Versuche in allem, was du tust, **klares Denken** wirken zu lassen. Was ist klares Denken? Es ist eine Denkweise, die **nicht** durch Hass, Angst, Zorn, Eifersucht, Verleumdung und Selbstbetrug beeinflusst wird. Vermischen sich diese Gefühle in deinem Geist, wirst du niemals klar denken können, denn deine Gefühle werden das Denken an deiner Stelle übernehmen. Aber – du wirst das nicht zulassen. Du wirst selbst denken. Bist du befreit von deinen negativen Gefühlen, dann wirst du ein klar denkender Mensch werden. So ein Mensch sieht die Dinge wie sie sind und versucht, er selbst zu sein. Das sind Schlüssel zum Erfolg.

Eine weitere Qualität, die ausgebildet werden sollte, ist schlüssiges Denken. Was ist schlüssiges Denken? Ganz einfach! Eine Minute inne zu halten und sich zu überlegen, was passieren wird, als Konsequenz deiner Handlung, des Gedankens, den du denkst, des Wortes, das du zu sprechen beabsichtigst. Das ist schlüssiges Denken. Was wird geschehen, wenn du jemanden schlägst, wenn du jemanden belügst?

Schlüssiges Denken ist die Fähigkeit, die Verbindung zwischen Ursache und Wirkung zu sehen. Nehmen wir mal an, du würdest Drogen nehmen. Okay, Gott wird dich da schon rausholen. Schlüssiges Denken und Logik würden nicht in dir wirksam sein, denn du würdest dir keine Gedanken darüber machen, was Drogen dir antun können. Beginnst du aber damit darüber nachzudenken, und siehst du wirklich die Konsequenz, dass dich die Drogen Schritt für Schritt zerstören werden, wirst du aufhören, dir das anzutun.

Es ist völlig unerheblich an welcher Stelle du beginnst, schlüssig zu denken, denn an jedem Punkt deines Lebens ist es gut für dich. Frage dich ernsthaft: »Wenn ich auf meine Mutter wütend werde, was wird dann passieren?« Oder: »Wenn ich jetzt mal 'ne Weile faul bin, bis zum Mittag schlafe, ist das in Ordnung?«

Schlüssiges Denken ist die Beobachtung der eigenen Gedanken, Worte, Taten und das Nachdenken darüber, was als dessen Konsequenz in Zukunft geschehen wird. Schreibst du einen Brief mit einer ganz bestimmten Absicht denke darüber nach, wie sich der Empfänger beim Lesen deiner Zeilen fühlen wird. Wie wird er reagieren, welche Probleme und welchen Aufruhr kannst du damit auslösen? Das ist schlüssiges Denken. Arbeite an dieser Qualität, denn sie ist eine starke Kraft, die dich zum Erfolg führt. Entwickelst du kein schlüssiges Denken, wirst du nicht erfolgreich sein.

Abwesenheit von Dummheit ist der nächste Punkt. Durch Dummheit vereitelt man oft seine eigenen Pläne und vergibt sich viele Chancen. **Dummheit ist es, entgegen seinen Interessen zu denken, zu reden und zu handeln.** Jeder deiner Gedanken, der deine Vision einer besseren Zukunft niedermacht und alles herunterzieht, ist dumm. Überleg mal, wie viel Dummheiten du in deiner Vergangenheit ausagiert hast, und du dich dazu gebracht hast, dir selbst mental, emotional und physisch Schmerzen zuzufügen.

Die nächste Qualität, die man ausbilden sollte, ist Inklusivität. Man kann im Leben noch erfolgreicher werden, wenn man mental mehr inklusiv wird. **Inklusivität bedeutet selbst entgegengesetzte Faktoren in Bezug zueinander zu bringen und eine Kooperation zu erreichen.** Ein gutes Vorbild hierfür ist die Natur.

In deinem Job manifestiert sich Inklusivität zum Beispiel im Verständnis für andere, für deren Grenzen, deren Mass an Tüchtigkeit, deren Bedürfnisse, deren Bestrebungen. Du betrachtest deine Mitarbeiter oder Angestellten als wichtige, wirkliche Partner und trittst ihnen auf diese Weise entgegen. Fühlen sie sich einbezogen, werden sie dich noch erfolgreicher machen. Inklusivität kreiert bei den Menschen Kooperation und bring sie dazu dein Unternehmen noch besser zu machen. Versuche ein gesundes Augenmass an Akzeptanz und Inklusivität zu entwickeln.

Eine andere Eigenschaft, die du weiterentwickeln solltest, ist Demut. Arroganten, stolzen und angeberischen Menschen begegnet im Allgemeinen Ablehnung und Hass. Nach kurzem Voranschreiten werden sie letztendlich versagen. Je mehr du dir das Prinzip der Demut zu eigen machst, umso weiter wirst du gehen können, umso mehr wirst du anderen geben können, umso mehr werden dich andere lieben. Bist du voller Stolz, den du nach Aussen hin demonstrierst, bist du wie eine versiegelte, abgestempelte Box. Keiner wird dich erreichen können, wenn du so unabrückbar davon überzeugt bist, alles zu wissen.

Einst las ich etwas über das Leben von fünf bekannten Wirschaftsleuten. Sie waren sehr demütige Menschen. Einer von ihnen war Millionär und besass einen alten Truck. Eines Tages sah er wie Holz von einem Transporter fiel. Er lud es auf seinen eigenen Truck und fuhr zehn Meilen, um es dem Besitzer wiederzugeben. Der fragte ihn: »Wer sind Sie?« und er antwortete: »Ich bin einfach nur ich.« Später fand er heraus, dass der Wohltäter ein reicher Mann gewesen war und war über dessen Demütigkeit überrascht.

Einmal begab sich einer unserer grossen Präsidenten in einen Wald, wo er zehn Soldaten sah, die sich stritten. Sie sollten einen riesigen, schweren Baumstamm aufladen, wussten aber nicht wie. Der Sergant befahl: »Hebt ihn auf, und ladet ihn einfach auf den Wagen!« Die Soldaten antworteten: »Er ist zu schwer für uns! Es geht nicht!« Der Sergant stand nur daneben und machte nicht einen Finger krumm. Der Präsident trat dazu und hievte gemeinsam mit den Soldaten den Baumstamm auf den Wagen. Daraufhin fragte ihn der Sergant: »Ich möchte ihnen danken, wie ist ihr Name?« Zu seinem Erstaunen erwiderte der: »Oh, ich bin nur der Präsident dieses Landes.« Das ist Demut. Sei in allen Dingen, die du tust demütig und du wirst erfolgreich sein.

Versuche, deine Stimme den Umständen und der Atmosphäre deiner Arbeit und deines Arbeitsumfeldes anzupassen. Es wird sehr hilfreich für deine Weiterentwicklung sein, wenn du das beachtest.

Soweit möglich sprich nur, wenn es wirklich notwendig ist. Auf diese Weise wirst du die Kraft des Unterscheidungsvermögens, die Kraft des Zuhörens, die Kraft der Beobachtungsfähigkeit in dir weiterentwickeln. Diese drei Faktoren sind zusätzliche Kräfte, die dein Leben erfolgreicher machen.

Manchmal hatte ich Gelegenheit mitzuhören, wie meine Mitarbeiter am Telefon über Geschäfte sprachen. Dabei sprachen sie über Dinge, die überhaupt nicht dazu gehörten. Beantworte Fragen immer klar, kurz und bündig. Füge keine überflüssigen Dinge hinzu oder schmücke dein Gespräch nicht mit Geschichten aus, die keinen Bezug zum Vorgang haben.

Entwickle Umsichtigkeit in der Sprache, so dass nicht mehr gesprochen wird wie nötig. Dies ist ein wichtiger Faktor und am schwersten erlernbar. Bis ich es gelernt hatte, wie man am Telefon spricht, habe ich Millionen Fehler gemacht. Bezüglich all deiner Angelegenheiten solltest du dir zuallererst genau überlegen, wie du dich ausdrücken willst, welche Worte deine Rede beinhalten soll. Überflüssiges, Unnötiges entzieht dir Energie, Elektrizität und Magnetismus und erschafft in deinem Gegenüber Verwirrung oder Ablehnung. Das wird deinen Erfolg untergraben. Bevor du mit anderen sprichst, dich mit ihnen in Verbindung setzt, schau dir an, in welcher Umgebung und unter welchen Umständen sie leben. Welchen Hintergrund bringen sie mit, in welcher Situation befinden sie sich aktuell? Der Hintergrund eines Menschen und seine Lebensumstände sind sehr wichtig.

In meinem Buch **»Frauen, Fackeln der Zukunft«** habe ich einige vermeintlich schockierende Statements niedergeschrieben. Eine Psychologin hatte mein Buch gelesen und mochte nicht, was sie da las. Sie schrieb mir einen groben Brief, in dem sie mir ihre Meinung deutlich klar machte. Eines Tages hörte ich, dass genau diese Dame in meine Stadt kommen sollte, um ein Seminar abzuhalten. Ich dachte mir, wie toll es wohl wäre, sie zu treffen und mit ihr zu sprechen. Doch bevor ich das verwirklichen konnte, erhielt ich ihren Anruf. »Ich benötige dreihundert Exemplare dieses fürchterlichen Buches, das sie geschrieben haben.« Ich sagte zu mir: »Kontrolliere dich selbst!« Dann antwortete ich ihr: »Ich freue mich sehr, dass sie dieses Buch bestellen wollen. Wir werden ihnen sofort die benötigte Anzahl zur Verfügung stellen.« Sie sagte daraufhin: »Als ich ihr Buch zum ersten Mal gelesen hatte, fand ich es furchtbar. Je mehr ich aber darüber nachdachte, meditierte und mich damit beschäftigte, fand ich heraus, das es eines der besten Bücher zu diesem Thema ist.« Sie verkaufte alle dreihundert Exemplare bei ihrem Seminar und bestellte noch einmal zweihundert Stück.

Der Abschnitt, der ihr so viel Missbehagen und Kopfschmerzen bereitet hatte, bezog sich auf den sozialen Hintergrund eines Menschen. Darin hiess es unter anderem:«Bevor du dich mit einem Mann oder einer Frau in einer Beziehung verbindest, solltest du dich über die Grosseltern und Eltern informieren, um zu sehen, an welchen Krankheiten sie leiden oder verstorben sind.« Die Bestätigung, das Gene, Viren und Erbkrankheiten uns noch nach vier Generationen beeinflussen können, gibt uns heute die Wissenschaft. Deshalb solltest du dir den Hintergrund deines Partners, sei es in geschäftlicher oder privater Beziehung, genau anschauen. Es wird dich erfolgreicher machen, denn dann wirst du nicht mit plötzlichen, unerwarteten Problemen konfrontiert werden.

Kapitel 7.

Sei zurückhaltend mit deiner Meinung und deinen Interpretationen.
Stell dir vor, du würdest in einer versammelten Runde alle fünf Minuten aufstehen und deine Meinung zum Thema vorbringen. Schnell würde man dich als einen Eierkopf ansehen, der sich in den Vordergrund drängelt und keinem anderen Raum lässt, sich auszudrücken. **Durch angemessenes Schweigen kannst du viel mehr Respekt kreieren und dieser Respekt wird dich erfolgreicher machen.** Sei ökonomisch wenn du deine Ansichten darlegst. Mach dir klar was dein Gegenüber denkt, was er fühlt, was er akzeptieren, was er ablehnen könnte. Nach etwa zehn Besprechungen kannst du dann etwa ein Prozent deiner Ansichten darlegen, ohne das sich jemand angegriffen fühlt oder sich gegen dich wendet, oder denkt du bist verrückt.

Konzentriere dich, lerne, mach dich fit für alles, was mit deinem Job zu tun hat.
Nehmen wir an du bist eine Schreibkraft. Studiere das Schreiben, lerne deinen Computer zu beherrschen, studiere deine Finger, lerne grammatisch korrekt zu schreiben. Ganz gleich auf welchem Gebiet, **fang an dich selbst zu unterstützen, indem du lernst und dich bereit machst für neue Herausforderungen.** Ganz egal welche Arbeit du machst, fahre dich nicht fest indem du denkst, du wüsstest schon alles. Versuche, alles über dein Gebiet zu erfahren, zu lernen, dich weiterzubilden um neuen, unerwarteten Aufgaben entgegentreten zu können.

Ich war einmal im Mittleren Osten, wo ich als Dampfmaschineningenieur arbeitete. Eines Tages fragte mich der Hauptingenieur, ob ich nicht Lust hätte, mit ihm zu einem Pferderennen zu fahren. Wir würden sieben Stunden unterwegs sein. Da ich Pferde liebe, sagte ich zu.

Nachdem wir mit unserer Lokomotive losgefahren waren sahen wir schon nach einigen Meilen einen riesigen Lastwagen, der auf den Gleisen zum Stehen gekommen war. Ich fragte mich was mein Chef

wohl jetzt tun würde, in dieser brenzligen Situation. Sofort riss ich
das Signalhorn an den Mund – doch er sagte nur zu mir: »Lass es, lass
es! Wir haben keine Zeit mehr. Du wirst sehen, was passiert.« Er verlor
nicht im Geringsten seine Ruhe.

Wir fuhren mit einer Geschwindigkeit von neunzig Meilen in der
Stunde. Der Hauptingenieur erhöhte auf hundert. Er schaltete alle
Systeme auf Höchstleistung, so dass wir wie ein geöltes Messer auf
den Schienen dahinflogen. Wir gingen glatt durch den Lastwagen
hindurch und teilten ihn in zwei Teile. Unserem Zug passierte nicht
das Geringste. Wir waren sehr froh darüber, hatten wir doch einige
hundert Passagiere an Bord.

Ich fragte ihn: »Wie hast du das gemacht? In nur zwei oder drei
Sekunden hast du dir überlegt, wie du hier heil wieder rauskommst?«

»Tja,« sagte er, »das habe ich mir schon früher überlegt. Ich habe
die Angewohnheit mir oft zu durchdenken, welche Situationen entstehen können und wie ich dann reagieren würde. Wenn es dann tat-
sächlich passiert, bin ich bereit so zu handeln, wie ich der Situation
am besten gerecht werden kann.«

Später lernte ich aus der Physik das man, wenn man ein bestimmtes Gewicht dazu bringt, sich mit einer bestimmten Geschwindigkeit
zu bewegen, sogar Betonwände durchschlagen kann.

Erhöhe deine Geschwindigkeit und du wirst sicher sein. Mache dir
Gedanken darüber, wie du neuen Umständen, plötzlichen Veränderungen
gegenübertreten könntest. Das ist das, was du tun kannst, um deine
Karriere vorzubereiten. Was immer du tust, sei dessen Meister.

**Der nächste Punkt, über den ich schreiben will, ist Freude, speziell
bei deiner Arbeit und in deinen Geschäften.** Erhalte deine Freude.
Freue dich, denn Freude ist ein Schlüssel zu grossem Erfolg. Verlobst
du dich – tue es mit Freude! Heiratest du – tue es mit Freude!
Beginnst du ein Geschäft – tue mit Freude! Hast du eine Familie –

Kapitel 7.

bewahre die Freude in ihr. Willst du gesund sein – freue dich häufiger! Stellst du eine Gruppe zusammen, suche dir Menschen aus, die sich freuen können. Wähle nicht depressive Typen, denn sie werden deine Arbeit oder deine Gruppe ruinieren. Oder mache sie freudvoll und dann nimm' sie. Freude ist essentiell in all unseren Beziehungen. Selbst wenn du der Chef bist, und 10 Leute arbeiten für dich, zeige deine Freude und sie lieben dich. Jeden Menschen dürstet und hungert es insgeheim nach Freude. Gib Freude und du wirst Erfolg zurück erhalten. **Wahre Freude trägt eine tiefe Feierlichkeit in sich, die dich für andere anziehend macht.**

Ich kenne eine Menge Männer und Frauen, die ihren Vorgesetzten mit ständigen Beschwerden, Depressionen und Verleumdungen auf die Nerven gehen. Diesen kann es gut passieren, dass der Chef eines Tages sagt: »Ich habe die Nase voll von dir! Du bist gefeuert!«

Beschwere dich nicht. Wenn es nötig ist, stelle dich demjenigen, der dich zum Unzufrieden-Sein bringt direkt gegenüber und kläre das Problem im Gespräch. Beschwerden entziehen dir deine elektromagnetische Energie. Wenn du dich ständig nur beschwerst, werden selbst Menschen, die dich von ganzem Herzen lieben, von Negativität erfüllt werden und auch dann dir selbst auf diese Weise begegnen. **Beschwere dich über nichts!** Hast du ein Problem, dann setz dich hin und sprich darüber. Sage dir:»Dies und jenes geschieht mir. Kann ich mein Problem lösen, wenn ich es auf wissenschaftliche, philosophische oder psychologische Weise angehe? Lass es mich lösen!« Bleibst du im Beschweren verhaftet, verletzt du dich selbst ernsthaft. Einst ersuchte mich eine junge Frau um Beratung, die frisch verheiratet war. Sie hatte es sich zur Gewohnheit gemacht an ihrem Mann zu klammern und sich bei ihm über alles und jeden zu beschweren. Kaum war er nach der Arbeit nach Hause gekommen, überflutete sie ihn mit Beschwerden. »Die Nachbarn waren so laut. Das Wetter ist heute so schlecht. Ich bin müde. Die Katze

hat das gemacht, der Hund hat das gemacht. Das Leben kotzt mich an
...« Eines Tages sagte der Mann zu ihr: »Ich habe genug von dir!«
Beschwere dich nicht. Insbesondere wenn du für jemanden arbeitest,
Gott bewahre. Beschweren ist einfach furchtbar und der beste Weg
deine Freunde zu deinen Feinden zu machen. Beschwere dich nicht
bei deinem Vater, deiner Mutter, deinen Kindern. Beschweren zerstört
dir alle zukünftigen Möglichkeiten für Erfolg.

Bemitleide dich nicht selbst. Es gibt Momente, in denen du voller
Ehrlichkeit und mit grosser Aufrichtigkeit in dich gehen und darüber
nachdenken solltest, das das Leben, welches du führst nichts anderes
ist, als das Leben, dass du immer haben wolltest. In der Vergangenheit
hast du hart daran gearbeitet, genau dieses Leben zu haben. Warum
also über etwas beschweren, was man selbst so haben wollte? Viele
Menschen verdammen Gott, Karma, die Erde, den Himmel, die Engel
und den Teufel dafür. Sie fragen sich: »Warum bin ich in dieser be-
schissenen Lage?« Sie wissen es nicht und sie sind blind dafür, dass sie
sich selbst dieses Leben kreiert haben. Die Natur und ihre Umwelt
hat ihnen exakt das gegeben, was sie haben wollten. Wenn du deine
Situation verbessern und dein Leben verändern willst, beginne genau
in diesem Augenblick damit.

Bemitleide andere Menschen nicht. Einige haben mit solchen, die
erfolglos sind, Mitleid. Ist jemand erfolglos, so ist es das, was er will.
Wenn man versagt, muss man sich selbst sagen: Ich habe dies' getan,
ich habe das getan! Dies sind die Faktoren, die dich dazu geführt
haben, wirklich, du hast an deinem Versagen selbst gearbeitet.
Einst sagte ich zu einem Mädchen: »Weisst du, du bist die ganze
Zeit dabei, alles und jeden nieder zu machen, zu verleumden und zu
verurteilen. Du machst jeden schlecht. Denkst du, du bist die einzige
Blume auf dieser Erde?«

Kapitel 7.

»Ja, das bin ich.« war ihre Antwort. Nun ist sie eine große Versagerin, weil sie sich für besonders hält, und alle anderen für Dreck. Diese Philosophie führt dich in den Misserfolg.

Tratsche nicht über deine Freunde, Mitarbeiter und Angestellten. Niemals! Das ist eines der übelsten Dinge, was Leute machen können. Ich habe eine Zeit lang mit einer Frau zusammengearbeitet, der ich ans Herz legte, nicht über andere zu tratschen. Glaub mir – bis zum heutigen Tage hat sie mehr als zwanzigmal den Job wechseln müssen. Überall kündigte man ihr wegen dieser Charakterschwäche. Sie tratscht und tratscht und kann sich nicht von diesem Verhalten befreien.

Warum tratscht du gemeinsam mit deinen Mitarbeitern? Jeder ist der, der er ist. Halte einfach deinen Mund und komme auf diese Weise mit deinen Kollegen aus. Die eine tratscht über die Kollegen, die andere tratscht über ihren Chef, jene erzählt ihrem Chef den neuesten Tratsch über die Mädchen an ihrem Arbeitsplatz usw. Letztendlich werden alle von den Geschichten und dem Gequatsche verrückt gemacht. Solchen Mist brauchst du nicht in deinem Leben, denn er bringt dich nicht weiter und ist nur hinderlich. Es geht dich nichts an, wenn sie ihren Mann verlassen hat, ihren Freund, seine Freundin,

dass sie zu spät gekommen ist. Konzentriere dich auf deine eigenen Angelegenheiten.

Ich kannte einen Mann im Mittleren Osten, der wirklich sehr klug war. Viele Leute kamen zu ihm und erzählten ihm alle möglichen Dinge.

»Weisst du, was passiert ist?« Er würde antworten: »Das ist Gottes Angelegenheit, ich möchte das gar nicht wissen.« Ganz gleich, worüber sie quatschen und tratschen würden, er hielt sich immer raus. Man fragte ihn: »Warum tust du das und das?« Er antwortete: »Das geht nur mich etwas an.« Man sagte ihm: »Nancy hat ihren Mann verlassen.« Seine Antwort war: »Das ist ihre Angelegenheit.« In seiner Stadt war er ein erfolgreicher Geschäftsmann und wurde von allen respektiert.

Beschäftige dich nicht mit dem Müll anderer, indem du über sie tratscht und sie nieder machst. Jemand schrieb mir aus Europa: »Ein Mann kam zu mir und erzählte mir so schlechte Sachen über meinen Bruder, dass ich ihn überhaupt nicht mehr sehen will!« Du hast schlimme Dinge über jemanden erzählt und auf einen Schlag zwei Freunde verloren. Mach es anders, schütze deine Mitarbeiter, deine Freunde, Verwandten und sprich über die positiven Seiten anderer Menschen. Das öffnet dir die Tür zum Erfolg. Selbst wenn jemand 99 miese Dinge an sich hat, finde eine einzige gute Seite und sprich darüber. Das führt dich zum Erfolg. Du willst doch erfolgreich sein, oder? Das ist die ganze Wissenschaft. **Man kann Menschen nicht dabei helfen, sich zum Positiven weiter zu entwickeln, wenn man ihre Gefühle verletzt.**

Es gibt auch Leute, die dir Freundschaft vorgaukeln und wenn sie ihr Ziel erreicht haben, dich abschiessen und über dich herziehen. Auch in solchen Fällen ist es wichtig, sich nicht involvieren zu lassen.

Kommt jemand zu dir und quatscht dich voll, höre ihm voller Gleichmut zu und mache klar, dass du nicht in irgendwelche Geschichten hineingezogen werden willst. Zeige ihm nicht einmal ein Lächeln, denn er würde später sagen, du hättest ihm zugestimmt und er würde dich auf sein Niveau runterziehen. Sprich nicht ein Wort. Höre einfach nur zu und sage dann: »Ich möchte damit nichts zu tun haben.« Stehe dem Ganzen völlig gleichmütig gegenüber, gib nicht das geringste Quentchen Energie hinein. Das wird dich erfolgreich machen.

Einst besuchte ich eine Bildungseinrichtung. Gleich zu Beginn sprachen mich drei Jungs an und sagten zu mir: »Bevor der Unterricht beginnt haben wir noch zwei, drei Tage frei. Hast du nicht Lust, mit uns einen Ausflug in die Berge zu machen?« Mit der Erlaubnis des Direktors fuhren wir los. Schon nach einiger Zeit fingen sie an, den Direktor schlecht zu machen. »Der ist ein grosser Idiot, der letzte Blödmann!« Ich war neu und wusste nicht, warum sie auf diese Weise

Kapitel 7.

mit mir redeten. Schliesslich sagten sie:»Wir sind eine Gang und du bist jetzt auch ein Gangmitglied.« Was sie mir jedoch verheimlichten: alles war nur ein Test für mich. Ich sagte ihnen:»Hört mal, ich bin nicht mitgekommen, um mir diesen ganzen Müll anzuhören! Ihr habt mich zum Fluss gebracht, also lasst uns schwimmen gehen! Machen wir uns eine schöne Zeit, geniessen wir das Leben, alles andere interessiert mich nicht!«

Zehn Tage später rief mich der Direktor an und fragte mich:»Na, bist du jetzt auch ein Gangmitglied?« Ich sagte:»Was für ein Gangmitglied denn?«»Haben die Jungs nicht einen Ausflug mit dir gemacht und dir erzählt, was für ein Idiot ich bin?« Ich sagte:»Wovon sprechen sie?« Er antwortete mir:»Von jetzt an gehörst du zu uns.«

Ich hatte die drei Jungs nicht beleidigt, die ja vom Direktor selbst beauftragt worden waren, mich zu testen und habe auch nicht schlecht über ihn gesprochen. Lass dich nicht in solche Spielchen reinziehen. Stehe darüber.

Tue bei deiner Arbeit exakt das, was du zu tun beauftragt wurdest. Willst du etwas ändern, frage deinen Vorgesetzten um Erlaubnis. Dieser Aspekt ist sehr delikat. Ich habe in vielen Unternehmen erlebt, wie Leute versagt haben, weil sie nicht das gemacht haben, was ihnen in Auftrag gegeben wurde.

Einmal arbeiteten wir an einem Haus. Unser Chef sagte zu uns:»Öffnet dieses eine Fenster nicht.« Einer der Arbeiter machte es trotzdem und sofort schlängelten sich drei Klapperschlangen in den Raum. Der Chef kam hinzu, sah die Schlangen und fragte:»Wer von euch hat denn das Fenster aufgemacht? Dort war eine Schlangennest, deshalb sollte es zu bleiben!« Er kündigte dem Arbeiter.»Geh! Du hast meine Anordnung nicht befolgt. Du kannst hier nicht weiter arbeiten.«

Tue exakt das, was dein Chef von dir möchte. Wenn du etwas verändern willst, geh und besprich es erst einmal mit ihm. Sei dir deiner

Sache sicher. Hast du das Gefühl die Anordnung ist Blödsinn, dann frage ihn. Vielleicht gibt es Gründe. Das ist sehr wichtig für ein Unternehmen.

Hast du einen Chef mit dessen Entscheidungen du nicht übereinstimmst oder der mit deiner Arbeitsweise nicht klar kommt, dann hast du zwei Möglichkeiten. Zum einen kannst du sagen: »Ich bin mir sicher, dass sie eine falsche Entscheidung getroffen haben. Ich respektiere sie, aber ich werde sie verlassen.« Oder du kannst sagen: »Ich bin mir sicher, dass sie das Falsche machen. Aber ich respektiere sie, also bleibe ich, und fahre fort mit meiner Arbeit.« Eine andere Möglichkeit gibt es nicht. Sei aufrichtig, sage ihm, welche Punkte deiner Meinung nicht richtig sind. Ist er sich keiner Fehler bewusst, oder bleibt er fest bei seiner Einstellung, dann bleibt dir nur dich für oder gegen deinen Job zu entscheiden. Das ist alles.

Du solltest nicht mit deinem Chef streiten. Der Boss ist der Boss, du kannst ihn »erhellen«, wenn er etwas Falsches getan hat. Manche Führungskräfte machen Fehler, irren sich. Wenn sie es wissen und du weisst, dass sie es tun, und sie immer noch darauf bestehen Recht zu haben, dann tun sie dies, um ihr Gesicht zu wahren. Gib ihnen Gelegenheit nicht ihr Gesicht zu verlieren.

Einst arbeitete ich in einem Laden für Maschinen. Mein Chef installierte ein bestimmtes Teil einer Maschine falsch. Er war eigentlich ein wunderbarer Mechaniker, doch zu diesem Zeitpunkt schien er alle seine Fähigkeiten vergessen zu haben. Ich wollte ihm sagen: »Das ist ja völlig verkehrt! Sie sollten es anders herum einbauen.« Doch ich fing mich im letzten Augenblick und hielt den Mund. Ich dachte mir das Beste ist, wenn ich ihm nichts davon sage. Doch dann fragte er mich: »Was denken sie? Wie sieht die Maschine aus?« Ich antwortete ihm: »Möchten sie das ich ihre Arbeit noch einmal überprüfe?« »Machen sie, was sie wollen. Ich möchte von ihnen nur, dass sie alles noch mal checken, um sicher zu gehen, dass alles am richtigen Platz ist.« Dann ging er in sein Büro. Ich folgte ihm und sagte: "Ich habe aus meinen Büchern gelernt, dass dieses Teil auf andere Weise installiert werden muss. Mein früherer Meister hat es mich auch so gelehrt, doch sie haben es ganz anders gemacht. Wollen sie es sich nicht noch einmal anschauen?« Er kam und schaute sich die entsprechende Stelle an. »Das ist ja völlig falsch! Hast du daran was verändert? Ich hatte es jedenfalls richtig montiert.«»Oh, vielleicht habe ich das falsch gemacht.« antwortete ich ihm.

Drei Wochen später rief er mich in sein Büro. »Ich möchte dein Gehalt um zehn Dollar erhöhen. Du warst sehr nobel und hast mich trotz meines Fehlers nicht vor den anderen bloss gestellt.«

Es gibt einige Techniken, die du in schwierigen Situationen nutzen kannst. Wenn du sie praktizierst wirst du sehen, dass deine ganze Aufmerksamkeit darauf ausgerichtet sein wird, erfolgreich zu sein. Es ist eine Kunst für sich. Deine Verhaltensweise, deine Worte und dein Auftreten einem anderen gegenüber, sollten so sein, dass sie dir dabei helfen, erfolgreich zu sein.

Das Leben unterstützt jeden einzelnen darin, erfolgreich zu sein, wenn er sich nicht der Selbstzerstörung hingibt. **Bist du nicht glücklich, lebst du im Mangel, mache nicht andere oder sogar den Allerhöchsten dafür verantwortlich.** Suche nach den Ursachen in dir selbst, schaue dir an, wie du in deinen Beziehungen zu anderen bist. **Suche die Motive für dein Handeln.**

Erfolg für die Zukunft

Wenn du andere darin unterstützt erfolgreich zu leben, wirst du selbst auch erfolgreich sein. Das ist ein Rat oder eine Regel, die für die Zukunft der Menschheit sehr wichtig ist. Kommerz und Politik werden sich nach diesem Prinzip in Zukunft ausrichten müssen. Wenn du diese Regel nicht für dich anwendest, arbeitest du kräftig daran, dich selbst und die Welt zu zerstören. Hilfst du mit andere Menschen erfolgreich zu machen, wirst du als Individuum erfolgreich sein, in der Familie, im Unternehmen, in der Gesellschaft. Je mehr du anderen gibst, umso schöner wirst du.

In einer albernen Geschichte las ich einmal von einem Mann, der ein kleines Dorf mit Fleisch versorgte. Weil es aber in diesem Dorf keine Kühltruhen gab und die Mengen an Fleisch nicht schnell genug verkauft wurden, bekamen die Leute letztendlich oft verdorbenes Fleisch. Nach einer Zeit wurden viele Dorfbewohner krank und starben. Als Folge dessen ging der Fleischer bankrott. **Dein Erfolg liegt in deinen Kunden, darin, wie du andere unterstützt. Je glücklicher du deine Kunden oder einfach die Leute, mit denen du zu tun hast, machst, umso erfolgreicher wirst du sein.**

Zweitens: Bevor du eine neue Seite in deinem Leben aufschlägst nimm dir Zeit, gründlich über dein Vorhaben nachzudenken. Denk darüber nach, wie du diese Beziehung, diese Korporation, dieses Geschäft, diese Arbeit und deine Pläne so gestaltest, dass sie nicht nur dir, sondern auch anderen Menschen helfen. Das wahre Fundament deiner Bestrebungen muss das Wohl der Menschen sein, selbst wenn du dabei deine eigenen Interessen zurückstellen musst. Das wird dir eine Menge Erfolg bringen! Unglücklicherweise haben wir unser Bewusstsein jahrhundertelang darauf ausgerichtet, genau das Gegenteil zu tun. Jetzt ist es Zeit unser Bewusstsein zu verändern.

Kapitel 8.

Das Nächste ist, anderen Menschen Geld, Ratschläge und Ermutigung zukommen zu lassen, um sie erfolgreich zu machen. Fasse dir in Gedanken den Vorsatz, einmal im Jahr jemanden, oder eine Gruppe erfolgreich zu machen. Halte es einfach in deinem Geist fest. Dieses Jahr musst du versprechen die Dinge zu tun, die andere Menschen erfolgreicher machen, gebildeter, schöner, gesünder. Wenn du einfach deine Gedanken darauf ausrichtest, dass andere Erfolg haben und im Wohlstand leben, konditionierst du deine eigene Zukunft auf genau das Gleiche.

Als ich einmal von New York nach Los Angeles fuhr, sprach mich ein Mann an und fragte: »Was werden sie denn so in Kalifornien machen?« Ich sagte: »Ich will Bücher schreiben.« »Oh, sie sind noch nicht einmal der englischen Sprache mächtig und wollen Bücher schreiben? Das wird nichts werden.« Ich antwortete ihm: »Mein Englisch ist nicht so gut, doch ich habe eine Menge Ideen, die ich aufschreiben will. Ich denke das wird mir helfen, meine sprachlichen Fähigkeiten auszubauen. Vielleicht werde ich dann besser Englisch sprechen als jetzt. Auf jeden Fall werde ich aber Bücher schreiben.« Er bestand darauf: »Bücher werden ihnen kein Geld einbringen.« Ich sagte: »Ich will nicht Bücher schreiben um Geld zu verdienen. Ich will sie deshalb schreiben, weil ich fühle, dass ich vieles zu sagen habe, was für die Menschen hilfreich ist.« Er sagte daraufhin: »Das ist grosser Blödsinn!«

Jahre vergingen und ich wurde mit meinen Büchern wirklich erfolgreich. Wie konnte es zu diesem Erfolg kommen? ... Ich habe es nicht aus dem Grund getan, um Geld damit zu machen. Ich tat es, um Menschen zu helfen. Das ist es, was ich dir vermitteln will. Wenn du ein Geschäft aufmachst, einen Stand, einen Laden mit Produkten für eine bessere Gesundheit oder sogar ein Restaurant, dann sollte dein erster Gedanke dabei sein: »Ich möchte das viele Leute zu mir kommen und aus meiner Arbeit Nutzen ziehen.« Restaurants, die sich wirklich Gedanken über die Gesundheit und das Wohlergehen ihrer Gäste machen, sind die Erfolgreichsten. Die Leute, die mit ihrem Geschäft nur Geld machen wollen, laufen Gefahr, schnell Pleite zu gehen.

Der erste Punkt, den du in deine Überlegungen einbeziehen solltest, ist: »**Was kann ich für die Leute tun, damit sie erfolgreich sind?**« Es gab einen Mann, der in eine Stadt kam, in der es kein Wasser gab. Er überlegte nicht lange und machte sich daran, einen Brunnen zu graben. Nach einiger Zeit kam klares Wasser aus der Erde. Für die Bewohner war es eine Sensation! »Wir haben wirklich Wasser!« »Hier, trinkt!« sagte der Mann und verlangte nicht einen Penny. Die Menschen bauten ihm einen Palast und gaben ihm alles, was man braucht, um glücklich zu sein, denn er hat nie daran gedacht den Brunnen zu bauen, um das grosse Geld damit zu machen. Er grub den Brunnen, um den Durst der Menschen zu löschen.

Eine andere Geschichte, die ich las, handelte von einem Mann, der in der Wildnis auf ein Dorf stiess, dessen Bewohner kein Gemüse hatten. Er sagte sich: »Wie kann das sein, dass diese Leute kein Gemüse haben? Sie brauchen es, um sich gesund zu ernähren!« Also begann er Kompost zu machen und Gewächshäuser anzulegen. Viele Leute halfen ihm dabei. Das kleine Dorf wurde sogar zum Gemüselieferanten für eine grosse Stadt und die Dorfbewohner wohlhabend.

Siehst du, was ein einziger Mensch bewirkt hat? Aber unsere ganze Absicht, in allem was wir tun, ist darauf ausgerichtet uns zu überlegen, was dabei für uns allein rausspringt. Das ist der Grund, warum wir uns an Reichtum, wenn er denn zu uns kommt, nicht erfreuen können, weil wir Erfolg von der negativen Seite der Regeln, Bestimmungen und Gesetze der Wirtschaft her angehen.

Kapitel 8.

Sprich mit deinen Kollegen, oder deinem Vorgesetzten nicht über persönliche Belange, über deine Fehler, oder Missgeschicke. Sei professionell und unpersönlich. Das wird dir viel Erfolg bringen. Kaum lächelt dein Chef dich an, schon erzählst du freimütig deine ganze Vergangenheit. »Ich hatte fünfhundert Männer.« Wirklich? »Ich hatte diese und jene Krankheit. Meine Scheidung war so und so.« Was tust du da? Du stellst dich selbst bloss, und offenbarst deine eigene Widerwärtigkeit, deine begangenen Fehler. Auf diese Weise kreierst du kein gutes Bild. Dieses Bild setzt sich genau so in der Wahrnehmung deines Vorgesetzten fest und überlagert alle deine anderen positiven Eigenschaften. Keiner fragt dich nach den schiefgelaufenen Geschichten aus deiner Vergangenheit. Schliesse deinen Mund und antworte nur auf die Fragen, die sich auf den Job beziehen. Das ist wirklich sehr wichtig, um erfolgreich zu sein.

Sprich nicht über deine vergangenen grossartigen Taten, Siege und Erfolge. Demonstriere jetzt, in diesem Moment, dass du in der Lage bist, deine Arbeit zu meistern, dass du professionell bist und erwarte dafür Anerkennung. Sagen wir zum Beispiel, du möchtest eine Sekretärin einstellen, der du sechs Dollar pro Stunde zahlen würdest. O.K., sie kommt, sagt »Guten Morgen!« und ist einfach wunderbar. Sie kann professionell tippen. Doch dann sagt sie: »Wissen sie, bei meinem letzten Job habe ich 25 Dollar die Stunde verdient. Ich fuhr einen Mercedes und wohnte in einem grossen Haus.«

Du, als Chef, würdest an dieser Stelle aufmerken. »Ich kann sie nicht einstellen, denn wenn ich ihr nur sechs Dollar zahle, wird sie das nicht zufriedenstellen, und sie wird höchstwahrscheinlich bald wieder kündigen. Ich nehme sie nicht.« Dann sagst du zu ihr: »Okay, ich denke darüber nach.« Die nächste Bewerberin kommt und du fragst sie: »Welche Gehaltsvorstellungen haben sie?« Sie sagt: »Ich dachte da an vier Dollar die Stunde.« »Okay, ich stelle sie ein und gebe ihnen sechs.« Der Chef wird sich, vorausgesetzt sie erfüllt die Anforderungen, für die zweite Kandidatin entscheiden, denn die erste hat ihn durch ihre Prahlerei vorsichtig werden lassen. Das ist ein sehr praktischer Ratschlag.

Ein Student schrieb mir einst:»Ich habe eine Menge Bücher geschrieben, fünf Schulen abgeschlossen, zahllose Kurse gemacht und jede Menge Unterricht besucht, jetzt möchte ich ihren Kurs für Korrespondenz belegen.« Ich antwortete ihm:»Ich kann dir nichts bieten, denn du weisst ja bereits alles.« Das war seine Charakterschwäche, mit seinen Erfolgen und Taten aus der Vergangenheit zu prahlen. Nehmen wir an, ein Mann würde zu mir kommen und sagen:»Du musst mir Respekt entgegenbringen.«»Warum?«»... Weil ich früher mal fünftausend Kühe hatte, die auf hunderten Hektar Weideland standen.« Doch du wirst dir denken:»Warum sollte ich ihm Respekt entgegenbringen? Mit vergangenen Dingen anzugeben ist leicht!« Du willst wissen wo er momentan im Leben steht, was er hat, wie er ist und was er tun kann.

Stehe jenen mit Gleichmut gegenüber, die dich in den Himmel preisen, dir schmeicheln oder dich tadeln. Diese Dinge sind oft Zeichen für schlechte Absichten. Wenn Leute dich preisen, sei vorsichtig. Wenn sie mit dir streiten, sei vorsichtig, denn es könnte ein Test sein um herauszufinden, wie du bist. Sei Lob und Tadel gegenüber gleichmütig und gehe professionell damit um. Sagen sie du bist einfach wunderbar, weil du in einer Stunde einhundert Seiten tippen kannst, dann weisst du genau, es ist reine Schmeichelei. Du weisst es. Sagen sie, du bist ein furchtbarer Mensch, dann akzeptiere das nicht, denn das ist nicht wahr. Bleibe standhaft in deinem klaren Denkvermögen, zeige gegenüber Lob und Tadel Gleichmut.

Kapitel 8.

Sei bei deiner Arbeit, ganz gleich welchen Job du hast, immer pünktlich. Viele erfolgreiche Menschen sind nicht nur pünktlich, sondern kommen sogar etwas früher, um ihre Arbeit optimal vorzubereiten. Bist du in einer Firma angestellt, ist es eine gute Angewohnheit, einmal im Monat eine persönliche Besprechung mit deinem Vorgesetzten zu machen. Bei dieser Besprechung sollten alle möglichen Fragen geklärt und auch besprochen werden, ob und wann du welche Fortbildungen besuchen solltest. Auch über die Verbesserung deiner Beziehungen und deines Charakters solltet ihr euch austauschen.

Bist du selbst der Chef, dann halte einmal monatlich eine Versammlung ab und frage nach neuen Ideen, die eure Verhältnisse und die Effizienz der Firma verbessern können. Diese Möglichkeit solltest du nutzen, um deinen Mitarbeitern neue Anleitung zu geben.

Arbeite nicht an Plätzen, wo Drogen verkauft werden, pornographische Literatur oder Alkohol. Arbeite nicht dort, wo illegale Aktivitäten passieren, wo es Ausbeutung und Separatismus gegenüber der Menschheit oder deinem Land gibt. Arbeite nie an Orten, wo der Chef unehrlich ist, sektiererisch, separatistisch und manipulierend.

Erfolg braucht nicht nur physische, emotionale und mentale Vorbereitung, sondern auch etwas, was darüber hinaus geht. Er braucht Glauben. Glauben lässt sich auf vielfältige Weise definieren.

Glaube ist ein Prozess, bei dem wir vom Universum das fordern, was wir zum Leben brauchen und das intuitive Wissen, das unsere Forderung erfüllt werden wird. Ohne solchen Glauben kann es keinen dauerhaften Erfolg geben. Beginne keine Unternehmung ohne Glauben.

Es gib noch einen Faktor, der für deinen Erfolg wichtig ist. **Jegliche Arbeit die erfolgreich sein soll muss dem Allerhöchsten gewidmet sein und im Dienst für die Menschheit getan werden.** Erinnere dich daran, dass die Umwelt dich in deinen Bemühungen beeinflusst, doch das auch du in deinem Streben die Umwelt beeinflusst.

Die Kräfte, die du unbedingt trainieren musst sind:

- Die Kraft, dich nicht von negativen Faktoren deiner Umwelt beeinflussen zu lassen
- Die Kraft, negative Faktoren zu vernichten und statt dessen positive Elemente, die dem Überleben zuträglich sind, einzubringen

Du bist deine kreative Wirkung, die du auf deine Umwelt ausstrahlst. Dein spiritueller Einfluss auf andere Menschen entscheidet, was du bist.

Trägst du zum Beispiel Einheit und Integrität in dir, schaffst du Gruppen um dich herum, die einig und integer sind. Du erschaffst ein Gruppenbewusstsein.

Dein Einfluss wird sich als destruktiv oder konstruktiv erweisen. Ego, Eitelkeit, Überlegenheit und Minderwertigkeitsgefühle müssen zerstört werden. Doch Gruppenbewusstsein, Demut, Kooperation und die Anerkennung der inneren Göttlichkeit müssen entfaltet und weiterentwickelt werden.

Kapitel 8.

Frage& Antwort

Frage: Wenn man viel für andere tut und dafür kein Geld verlangt, wie kann man da seine Miete zahlen?

Antwort: Worum man sich zunächst einmal kümmern sollte, ist die eigene Motivation. Wir sprechen hier von deinen ursprünglichen Motiven. Stell dir vor du bist Arzt. Du hast zehn Patienten, um die du dich kümmerst. Wenn dein primäres Interesse darin liegt, so viel wie möglich zu verdienen, ist das die falsche Herangehensweise. Ist deine wahre Intention aber diesen Menschen helfen zu wollen, dich selbst zu vergessen, dann wird das Geld kommen – und du wirst dich ausserdem gut fühlen.

Erfolg ist nicht an materielle Dinge gebunden. Er entsteht aus den subjektiven Bereichen. Deine Motivation muss richtig sein. Gehst du von diesem Punkt aus, wirst du sehen, dass du auf allen Ebenen reich sein wirst und dich wirklich daran freuen kannst.

Der prinzipielle Geist beim Kreieren eines Unternehmens ist der Gedanke: »Was kann ich für die Menschen tun?« Dein Unternehmen ist der Ausdruck deines Willens, anderen zu helfen. Indem du das machst, hilfst du dir selbst damit fortzufahren, anderen zu helfen, die wiederum dir zur Seite stehen werden.

Wie kannst du ernten, wenn du nicht säst? Das ist ganz einfach. Einige grosse Persönlichkeiten wurden gefragt: »Warum sind manche Menschen so reich und geniessen ihr wunderschönes Leben?« Die Antwort darauf ist: Weil sie in der Vergangenheit so vielen Menschen geholfen haben.

Ein Fremder sass auf einem Felsen an einem reissenden Fluss. Plötzlich fiel er hinein. Wie aus dem Nichts erschienen zwei Männer und retteten ihn. Er sagte: »Ich bin euch so dankbar, dass ihr mich gerettet habt! Aber wo seid ihr so plötzlich hergekommen?« Das Leben hat es so eingerichtet, dass er gerettet wurde, denn in der Vergangenheit hatte auch er sein Leben eingesetzt, um anderen zu helfen.

Was auch immer du säst, das wirst du ernten. Vergiss das nicht! Wenn du mordest, wird man auch dich ermorden; wenn du stiehlst, wird man auch dich bestehlen; verleumdest du andere, wird man auch dich verleumden. Dieser Teufelskreis wird dich ewig festhalten und dein Leben immer mieser machen. **Erfolg ist die Fähigkeit, aus diesem Teufelskreis auszusteigen.**

Frage: Christus sagte: »Suchet zuerst nach dem Himmlischen Königreich und alles andere wird zu euch kommen.« Ist es das, worüber er gesprochen hat?

Antwort: Ja, ganz genau. Das Königreich ist die Motivation. Das Himmelreich Gottes ist in dir. Wenn deine innere Welt die richtige Direktion hat, die richtigen Prinzipien, dann wird alles was du brauchst, zu dir kommen. Du wirst den Dingen nicht einmal mehr hinterher laufen müssen. Der Erfolg wird sich einstellen als Ergebnis deiner spirituellen Orientierung, Integrität, Schönheit, Bereitschaft und deiner Anziehungskraft. Stell dir vor, ein wichtiger Geschäftsführer würde kommen und einen Sekretär suchen. Wen würde er wohl für diese Stelle aussuchen? Mit grösster Bestimmtheit denjenigen, der physisch, emotional, mental und spirituell am meisten dazu bereit ist. Warum? Weil er sich auf seinen Erfolg vorbereitet hat.

Die Welt ist wie ein grosser Computer. Dieser Computer sucht sich die besten Leute aus, die von ihrem Wesen her dafür prädestiniert sind, ganz bestimmte Aufgaben oder bestimmte Verantwortungen zu übernehmen. Das Leben richtet es für dich ein, dass du den richtigen Arbeitsplatz bekommst. Das einzige was du tun musst ist, dem Leben zu demonstrieren, dass du bereit bist, und das du bereit bist, jetzt zu arbeiten. Wann immer das so ist, wird ein Job für dich parat sein. **Wenn du keine Arbeit hast, dann bedeutet das, dass du für die Stelle, die du in deinem Kopf hast, nicht bereit bist.** Was du tun wirst ist dich für diese Stelle bereit zu machen.

Kapitel 8.

Frage: Wenn man sich für eine Stelle bewirbt, und dabei seine Gehaltsvorstellungen äussert, wie erreicht man es, dass man dementsprechend bezahlt wird? Meinen Erfahrungen nach bekommt man meist weniger, als man ursprünglich dachte.

Antwort: Ich habe nicht gesagt, dass man sich unterbezahlen lassen sollte. Frage dich:»Worin besteht der Job, den ich machen werde? Was wäre in meinen Augen eine angemessene Bezahlung?« Du solltest dir darüber im Klaren sein und auch darüber, ob du dafür bereit bist, oder nicht.

Bewirbst du dich und sagst:»Ich habe zwar nur zwei Jahre Berufserfahrung als Bauingenieur, aber ich bin entschlossen dazu zu lernen und mich weiterzubilden. Wenn sie mich brauchen können, ich bin bereit.« Das ist klar, einfach, ehrlich. Aber wenn du übertreibst, wenn du sagst, du hättest fünfzig Jahre Arbeitserfahrung und bist erst fünfundzwanzig, dann wird man dich für verrückt halten. Sei sachlich, auf diese Weise ziehst du seine Aufmerksamkeit, Liebe und Anerkennung an. Selbst wenn du Fehler hast, kannst du offen mit ihm darüber sprechen, sollte er dich danach fragen. »Rauchen sie?«»Ja, Sir, ich rauche, aber ich möchte es mir abgewöhnen.« Du bist ehrlich. Weil du ehrlich bist, wird er lieber dich einstellen, als eine Person, die lügt.

Sei immer klar und sachlich. Aus diesem Grund musst du ein klares Denkvermögen haben. Heuchel nicht, imitiere und lüge nicht. Sei du selbst. Kommst du fünf Minuten zu spät zur Arbeit, sage:»Es tut mir leid, ich sollte um acht Uhr hier sein. Leider gab es einen Unfall. Es ist mir bewusst, dass ich ihre Zeit vertan und Ärgernis erregt habe, es tut mir leid.« Die Sache ist klar und die Angelegenheit abgeschlossen. Viele Leute täuschen alle möglichen Dinge vor. Dein Chef wird das wissen, deine Frau, deine Schwester. Wenn du ständig lügst, verlierst du die Chance auf deinen zukünftigen Erfolg.

Frage: Wenn man in bestimmten Lebensbereichen ständig auf Widerstand stösst und auf Hindernisse trifft, wie weiss man, ob man gegen sein Karma kämpft oder einfach nur blöd ist?

Antwort: Das spielt keine Rolle. **Blödheit** und Karma sind gleichermassen Hinderung und Hindernis. Sage dir nicht: »Weil ich das und das Karma habe bleibe ich eben so, wie ich bin.« Du solltest dagegen kämpfen und dich darüber erheben.

Wie kann man das bewerkstelligen? Sagen wir mal, du bist ein Bauarbeiter. Du baust ein Haus und schaust es dir an. »Das ist wirklich ein schönes Haus, aber wenn ich das und das daran verändere, dann wird es noch besser sein.« Trainiere vorausschauende Beobachtung, so dass du in Zukunft besser werden kannst. Wenn du jeden Tag ein bisschen besser wirst, kann es sein, dass dein Karma, das dich zurückhält, zu deinem Helfer werden wird.

Vielleicht kennst du die alte griechische Sage von dem Mann, der einen Defekt am Mund hatte und nicht richtig sprechen konnte? Er litt lange daran und versuchte herauszufinden, wie er dagegen ankommen könnte. Schliesslich ging er an den Strand und begann, kleine Steine in den Mund zu nehmen und das Sprechen zu trainieren. Er überwand seine Schwäche und wurde täglich besser. Schlussendlich wurde er der grösste Redner Griechenlands.

Frage: Ein junger Tennisstar schlug in einem Spiel einen gestandenen Tennisprofi. Als man sie fragte, wie sie das gemacht hat, antwortete sie, ihr Trainer hätte ihr kurz bevor sie auf den Platz gekommen war, gesagt: »Du weisst ganz genau, wie du jeden Ball spielen musst, und deshalb wirst du gewinnen.« Welchen Schlüssel hat er ihr gegeben?

Antwort: Er hat in ihr den Funken der Bereitschaft geweckt. Manchmal braucht man Ermutigung, um seine Bereitschaft zu leben. Das sind auch meine Erfahrungen. Einst übte ich die Ungarische

Rhapsodie auf der Violine zu spielen. Zu Hause brachte ich alle um den Verstand. Meine Schwester, meinen Vater und meine Mutter. Als es Zeit war das Musikstück aufzuführen, zitterten meine Knie. Ich war bereit und ich war es doch nicht. Mein Lehrer kam. Er schlug mir kräftig auf den Rücken und sagte:»Schau mir in die Augen. Du bist soweit, du kannst es machen.« Ich erwachte. Er nahm mir meine ganze Last ab, und ich spielte einfach toll. Manchmal braucht man einen richtig guten Schock, damit Bereitschaft in uns erwacht. Doch wenn dir jemand sagt, du bist bereit und du bist es eigentlich nicht, dann hypnotisiert er dich. Du musst dazu bereit sein, bereit zu sein.

Rühme andere nicht, noch schmeichel ihnen. Drücke deine Freude an ihrem Erfolg aus, und wenn sie versagen und dich fragen, sage ihnen, sie müssen nach den Ursachen in sich selbst suchen.

Frage: Ist es eine Sünde, wenn man mit seiner Arbeit gutes Geld verdient?

Antwort: Manche Leute denken, sie müssten sich dafür schämen dass sie Geld haben, eine gute Position, Fülle an Dingen. Es ist wirklich eine Schande, wenn dein Geld dadurch zusammengekommen ist, indem du andere beraubt oder ihre Zukunft durch verschiedenste Formen der Manipulation verletzt hast. Ist dein Geld aber das Ergebnis des Dienstes an der Menschheit, ist dein Wohlstand ein Geschenk des Lebens. Es ist ein Geschenk, weil du die richtigen Motive im Geschäftsleben durchgesetzt hast. Ist deine Position an einer Stelle, wo du anderen helfen kannst sich selbst zu helfen, dann sind dein Reichtum und deine Position ein Segen für die Welt.

Kapitel 9

Übungen

Hier ist eine noble Übung, die du machen kannst.

Stimme dich jeden Tag auf die kreativen Kräfte der Natur ein, indem du Folgendes machst:

1. Entspanne dich und fühle, wie sich deine gesamte Essenz mit einem gelb-blauen, kosmischen Licht verbindet, fusioniert. Das ist die kreative Kraft des Kosmoses.

2. Sage Folgendes:
»Mögen mich die Krieger des Herrn mit ihrem Feuer beschirmen, so dass mich das Böse und seine Agenten nicht berühren können. Oh Herr, ich danke dir!«

3. Visualisiere deinen Erfolg und deine Siege in deinem Dienst an der Menschheit.

4. Bleibe einige Minuten lang sitzen und fühle die grenzenlose Freude, die dich durchströmt.

Kapitel 10

Verletzende Methoden, um Erfolg zu erlangen

Jeglicher Erfolg der mit Hilfe von Methoden erlangt wird, die andere verletzen, führt dich in eine persönliche »Hölle«.
Solche Methoden sind:

- Verkauf von Alkohol

- Verkauf von Drogen

- Prostitution

- Töten von Tieren

- Manipulation von alten und kranken Menschen

Jedes ernsthafte Streben nach Eigennutz oder dem Durchsetzen separativer Interessen bringt Schmerz und Leiden.

Jeder Erfolg auf Kosten anderer, führt die Menschen fort von dem Licht Gottes in eine zukünftige »Hölle«.

Jeder Erfolg, der mit falschen Mitteln, wie Betrug oder Manipulation erreicht wurde, kreiert einen langen Schwanz an Karma hinter dir.

Solcherart Erfolg ist ein eisiger Pfad, der dich in eine elende Zukunft führen wird.

Tipps für Erfolg

- Sei voller Freude!

- Gib nicht auf!

- Sei optimistisch!

- **Wisse, Gott ist für Erfolg und Sieg!**

- Der grösste Erfolg ist Selbstverwirklichung!

- Sprich langsam!

- Sei dir sicher, dass du weisst, wovon du sprichst!

- Mache deine Stimme angenehm, freudvoll und energiegeladen!

- Habe immer einen angenehmen Gesichtsausdruck!

- Sei zufrieden!

- Sei nicht habgierig!

- Sei nicht aggressiv!

- Habe nicht die Einstellung »Alles ist für mich.«!

Gesundheit, Wissen, Erscheinungsbild und ein Sinn für das richtige Timing sind nützliche Werkzeuge für deinen Erfolg.

Emotionale Stabilität ist sehr wichtig und hilft dir dabei, Erfolg zu erlangen und dich daran zu freuen.

Folgendes sind Diamanten auf deinem Weg:

- Freude

- Positivität

- Anmut

- Respekt

- Dankbarkeit

Folgendes ist eine Liste mentaler Helfer, die für Erfolg nötig sind:

- Klares Denken

- Vernunft

- Logik

- Abwesenheit von Dummheit

- Toleranz

- Einschliesslichkeit

- Demut

- Abwesenheit von Eitelkeit, Ego und Habgier

Streite dich nicht mit deinem Chef oder Vorgesetzten
Durchdenke dir die Problematik ganz genau; dann präsentiere deine
Meinung in einer ruhigen und logischen Art und Weise. Streite dich
nicht mit deinen Mitarbeitern. Folge den Anweisungen deines Vorge-
setzten. Gibt es Gründe deine Meinung vorzutragen, dann tue es.
Wenn er auf seine Anweisungen besteht, dann mach' es so.

Deine Mitarbeiter mögen die Anordnungen vielleicht unsinnig finden, doch deine Aufgabe ist es, deinem Vorgesetzten zu entsprechen,
wenn er nicht deine Rechte verletzt oder illegale Handlungen von
dir verlangt.

Lege dein ganzes Herz, deinen Geist und dein ganzes Tun in die
Arbeit, die dir anvertraut wurde. Ändere nicht ständig deinen Job,
deine Karriere, deine Ziele. **Deine Ziele zu wechseln ist oft so, wie
den Platz eines Baumes zu verändern. Unter Umständen kann er
austrocknen.**

Sich selbst wichtig nehmen

Jeder Mensch muss sich wichtig fühlen. Man kann sich selbst und andere nicht respektieren, wenn man nicht erkannt hat, dass man selbst und andere Menschen wichtig sind.

Wenn ein Mensch sich wichtig fühlt, respektiert er sich selbst. Das heisst, er kümmert sich um seinen physischen Körper, seine emotionalen Beziehungen, seine geistigen Überzeugungen. Auf diese Weise versucht er, ein nützliches Mitglied der Gemeinschaft zu werden.

Doch das Sich-Selbst-Wichtig-Nehmen kann leicht von Ego und Eitelkeit entflammt werden. In dem Moment, wo ein Mensch zu denken beginnt, dass andere weniger bedeutend sind als man selbst, verändert sich diese Qualität und wird zur Krankheit. Wenn das Ego entflammt ist, verändern Menschen ihren Charakter und beginnen zu denken, dass sie der Nabel der Welt sind. Das führt zum Versagen auf allen Ebenen.

Diese Illusion manifestiert sich in folgenden Mustern:

- »Ich bin der Beste von allen.«

- »Ich weiss alles.«

- »Ich kann alles tun was ich will.«

- »Andere Leute sind Dreck.«

- »Alle um mich herum müssen mir dienen.«

- »Das Universum existiert nur für mich allein.«

So entflammt und besetzt das Ego unser Bewusstsein. Von diesem Moment an gibt es nichts, was wir der Menschheit geben können, ausser Problemen und Kopfschmerzen. Unsere gesamte Arbeit, alle unsere Beziehungen werden selbstsüchtig, eigennützig und egozentrisch. Um unser Herz herum entsteht eine psychische Mauer. Sie verhindert, dass die hingebenden Strahlen, die in unserem Herzen konzentriert sind, nach Aussen wirken können. Wir nehmen uns selbst so wichtig, dass wir denken, alles was wir haben wollen, sei einzig und allein für uns gemacht.

»Die Psychologie von Dienst« ist jedoch das genaue Gegenteil. Dienen heisst zu geben, zu opfern, auszustrahlen, unsere innere Göttlichkeit zu entfalten. **Erfolg basiert auf dem klaren Konzept des Dienstes. Niemand kann wirklichen Erfolg haben, im wahren Sinne, wenn er nicht ein Leben voller Dienst führt.**

Schlussendlich verschmelzen Dienst und Erfolg miteinander und der Mensch begreift, dass sein **Erfolg** Dienst und sein **Dienst** Erfolg ist. Je mehr sich eine Person dem Dienst am anderen widmet, umso mehr Erfolg wird sie haben. Allmählich wird sie sehen, dass sie viel Grösse hat und sie wird versuchen, diese Grösse in anderen durch das eigene Dienen und den eigenen Erfolg gegenwärtig zu machen.

Der Dienst am anderen leidet, wenn er nicht durch eine spirituelle Vision geleitet wird. Spirituelle Vision erlangt man durch sechs Stufen:

- Meditation
- Kreativität
- Absicht
- Würde
- Ehrlichkeit
- Vertrauenswürdigkeit

Der endgültige Erfolg eines Menschen ist viel tiefgründiger, als er denken mag. Keinerlei Erfolg hat für immer Bestand, ausgenommen der Erfolg von:

- Selbst-Meisterschaft
- Selbstverwirklichung
- Entdecken seines Wahren Selbstes
- Leben im Glanze dieses Selbstes

Menschen die ihre Weisheit vertiefen und ihre Lebenserfahrungen intensivieren, erkennen plötzlich, dass ihre gesamte Arbeit, Erfolg zu haben, nichts weiter ist als ein Werkzeug, das eigene Selbst zu entdecken und Selbst-Meisterschaft zu erlangen. Diese Erkenntnis ist eine grosse Erleuchtung für jeden Menschen. Vom Moment dieser Erkenntnis an, wird alles was man tut, um Erfolg zu erreichen, ein Werkzeug zur Meisterschaft des Selbst sein.

Wenn ein Mensch diese Erkenntnis hat, wird seine weltliche Arbeit erfolgreicher, und er wird mehr rechtes Mass haben. Er wird erfolgreicher sein, sowohl vom Gesichtspunkt der Welt aus gesehen, als auch vom spirituellen Gesichtspunkt aus betrachtet. Alle seine weltlichen Erfolge werden Ausdruck seines spirituellen Erfolges sein.

Die Menschen haben die Idee, dass die Grossen Meister ihre Meisterschaft in völliger Abgeschiedenheit erlangt haben. Das ist nicht wahr. Wir wissen, dass fast alle von ihnen in ihren vielen Inkarnationen führende Positionen inne hatten. Sie litten und kämpften ganz genau so wie wir jetzt und vollendeten schlussendlich den Weg der Selbst-Meisterschaft.

Der ultimative Erfolg eines Menschen ist das Entdecken und das Verwirklichen seiner Inneren Göttlichkeit. Alles was nicht zu diesem höchsten Ziel hinführt, ist Zeitverschwendung und Versagen.*

---

*Anmerkung: Wir empfehlen Ihnen ebenfalls das Buch »The Spring of Prosperity« von Torkom Saraydarian. Dieses Buch wird Ihnen eine tiefere Einsicht über die wahre Bedeutung von Wohlstand bringen.

Saraydarian, Torkom. Sedona, AZ: Aquarian Educational Group.

The Science of Meditation, 1981.

The Spring of Prosperity, 1982.

Saraydarian, Torkom. West Hills, CA: T.S.G. Publishing Foundation, Inc.

The Ageless Wisdom, 1990.

The Flame of the Heart, 1991.

New Dimensions in Healing, 1992.

Other Worlds, 1990.

The Psychology of Cooperation and Group Consciousness, 1989.

The Purpose of Life, 1991.

The Sense of Responsibility in Society, 1989.

Index

Index

Index

G

Index

Index

Index

Torkom Saraydarian (1917–1997) wurde in Kleinasien geboren. Sein Training in den Lehren der »Zeitlosen Weisheit« begann in seiner Kindheit.

Als er älter wurde, brachte ihn seine spirituelle Suche auf viele Pfade. Er besuchte Klöster, alte Tempel und Mysterienschulen. Er lebte mit Sufis, Derwischen, christlichen Mystikern und Meistern der Tempelmusik und des Tempeltanzes, um Antworten zu finden über das Mysterium Mensch und Universum.

Sein musikalisches Training begann schon recht früh in seinem Leben. Es beinhaltete Violine-, Piano-, Oud-, Cello- und Gitarrenspiel. Er komponierte hunderte Musikstücke, die das Echo seiner östlichen Tradition widerhallen lassen, kombiniert mit den Klängen »Heiliger Musik«. Seine Musik ist heilend, beruhigend und inspirierend.

Torkom Saraydarian widmete sein ganzes Leben seinen Mitmenschen. Seine kreative Arbeit zeigt seine völlige Hingabe an die höheren Prinzipien, Werte und Gesetze auf, die in allen Philosophien und Weltreligionen präsent sind.

Sie repräsentieren eine Synthese vom Besten und Schönsten aller heiligen Weltkulturen, und bereichern das Fundament auf dem wir unsere Zukunft konstruieren. Seine außergewöhnliche Arbeit formt ein nahtloses Gewebe der Weisheit.

Torkom Saraydarian schrieb eine große Anzahl von Büchern. Die bereits publizierten Bücher und Booklets sind auf den folgenden Seiten aufgelistet.

Über den Autor

Wir planen alle noch nicht veröffentlichten Werke herauszubringen. Es gibt auch eine Anzahl von Büchern, übersetzt ins Armenische, Deutsche, Italienische, Spanische, Portugiesische, Griechische, Holländische, Russische und Dänische.

Torkom Saraydarian hinterliess einen reichen Nachlaß von Schriften und Musikkompositionen zur Erbauung und zur Transformation der Menschheit.

Für weitere Informationen über den Autor, besuchen Sie unsere Website **www.tsgfoundation.org**, oder rufen Sie uns an für gedruckte Informationsbroschüren.

The Ageless Wisdom

The Aura

Avatars: Revelations of God

Battling Dark Forces

The Bhagavad Gita

Breakthrough to Higher Psychism

Buddha Sutra-A Dialog with the Glorious One

Challenge for Discipleship

Christ, the Avatar of Sacrificial Love

A Commentary on Psychic Energy

Cosmic Shocks

Cosmos in Man

The Creative Fire

The Creative Sound: Sacred Musik, Dance, and Song

Dialogue with Christ (2end Edition)

Dynamics of the Soul

Dynamics of Success

Education as Transformation, Vol. 1

Education as Transformation, Vol. 2

The Eyes of Hierarchy

Flame of Beauty, Culture, Love, Joy

The Flame of the Heart

From My Heart – Volume 1 (Poetry)

Glossary, A Concordance of Torkom Saraydarian`s Works

Hiawatha and the Great Peace

The Hidden Glory of the Inner Man

Initiation: The Path of Living Service

I Was

Joy and Healing

Karma and Reinkarnation

Leadership Vol. I

Bücher von Torkom Saraydarian

Leadership Vol. II
Leadership Vol. III
Leadership Vol. IV
Leadership Vol. V
Legend of Shamballa
The Mystery of Self-Image
The Mystery of Willpower
New Dimensions in Healing
Obsession and Possession
Olympus World Report ...
The World 3000
One Hundred Names of God
Other Worlds
The Psyche and Psychism
The Psychology of Cooperation and Group Consciousness
The Purpose of Life
The Science of Becoming Oneself
The Science of Meditation
The Sense of Responsibility in Society
Sex, Family and the Woman in Society, 2nd Edit.
The Solar Angel
The Solar Angel II
Spiritual Regeneration
Spring of Prosperity
The Subconcious Mind and the Chalice
Symphony of the Zodiac
Talks on Agni, Vol. 1
Talks on Agni, Vol. 2
Talks on Agni, Vol. 3
Teaching the Ageless Wisdom
Thought and the Glory of Thinking

Bücher von Torkom Saraydarian

Transformation: Methods for the Transformation of Life
Triangles of Fire
Unusual Court
Woman, Torch of the Future, 2nd Edit.
The Year 2000 and After

Booklets von Torkom Saraydarian

The Art of Visualisation – Simply Presented
The Chalice in Agni Yoga Literatur
A Daily Discipline of Worship
Daily Spiritual Striving
Discipleship in Action
Earthquakes and Disasters – What the Ageless Wisdom tells us
Entering the New Millenium
Fiery Carriage and Drugs
Hierarchy and the Plan
How to Find Your Level of Meditation
Irritation – The Destructive Fire
Mental Exercises
Nachiketas: The Ceremony of Immortality
Practical Spirituality
Prayers, Mantrams and Invocations
(Includes Five Great Mantras of the New Age)

Questioning Traveler and Karma
Synthesis

Familienserien:

Cooperation

Duties of Grandparents

Family Relations

For Men

For Women

Ideal Marriage

Responsibility

Responsibility of Fathers

Responsibility of Mothers

Success

The Heart of Your Partner

Women as Torchbearers

Booklets: Excerpte & Kompilationen

Angels and Devas

First Steps Toward Freedom

Booklets kostenfrei im Internet oder auf Wunsch ausgedruckt:

Cornerstones of Health

Earrings for Business People

Inner Blooming

New Beginnings

Saint Sergius

Courage

Solemnity

A Touch of Heart

Dance of the Zodiac

Far Horizons

Fire Blossom

Infinity

Lao Tse

Light Years Ahead

Lily in Tibet

Misty Mountain

Piano Composition

Rainbow

Spirit of My Heart

Sun Rhytms

Tears of My Joy

Toward Freedom

1994 Annual Convention Special Edition – Synthesizer Music

Video- und Audio-Vorlesungen

Video auf VHS und PAL

Mitschnitte auf Kassette und CD

Eine vollständige Liste der Vorträge auf Video und Kassetten finden Sie online.

Der vollständige gedruckte Katalog ist auf Nachfrage erhältlich und auch online zu finden unter:

www.tsgfoundation.org

info@fsgfoundation.org

Tel.: 001 480 502-1909

Informationen und Bestellungen

Schreiben Sie an den Herausgeber für zusätzliche Informationen zu:
- kostenloser, vollständiger Katalog der Bücher
  und Kassetten Torkom Saraydarians
- Mitschnitte und Videos von Vorträgen
- Aufnahme in die Adressenkartei
- Neuerscheinungen

Weiter Exemplare von »Dynamics of Success«:
U.S. $ 8.95
Innerhalb der USA $3.00
Zuzüglich entsprechender Mehrwertsteuer des jeweiligen Staates
T.S.G. Publishing Foundation, Inc.
P.O. Box 7068
Cave Creek, Arizona 85327-7068
United States of America
Tel.: 001 480 502-1909
Fax: 001 480 502-0713

Bestellungen der deutschen Ausgabe »Dynamiken des Erfolges«:

- BOB BewusstseinsOrientierteBücher -
GbR Ursula Grossmann, Daniela Mohr,
Susanne Herzer, Thomas Herzer
Rappengasse 21
67365 Schwegenheim
Tel: +49 (0)6344-8622
E-Mail: info@bob-shop.online
www.bob-shop.online

Diese wunderbaren Bücher wurden mit Hilfe von grosszügigen Spenden der Studierenden der Zeitlosen Weisheitslehren publiziert. All jenen gilt unsere tiefe Dankbarkeit.

Inhaltsverzeichnis